大正時代の庁府県

樺太から沖縄に置かれた都道府県の前身

挿絵作成者

大前壽生 氏

表紙

１章

２章（大正の概略史）

２章（各庁府県における大正時代の出来事）

・関東地方／中国地方

３章

如月りん 氏

２章（各庁府県における大正時代の出来事）

・北海地方[※1]／東北地方／中部地方／近畿地方／四国地方／九州地方[※2]

※１：北海道及び樺太を合わせた地域が北海地方である。

※２：沖縄は九州地方に含む。

まえがき

日本の範囲

『あ』日本の前身・倭国の範囲

(イ) 連合国家・倭国の範囲

中国の歴史書によると、約二千年前の日本列島には、百余の小国が存在した。これらの小国は、近畿地方から九州中部にかけて存在し、倭国《わこく》と呼ばれる連合国家を形成していた。(『倭国』とは、中国の日本に対する蔑称《べっしょう》であった)

(ロ) 大和朝廷による倭国の統一

４世紀前半になると、現在の奈良県周辺に大和《やまと》朝廷と呼ばれる勢力が出現した。倭国に点在した小国の多くが同勢力に従い、倭国は統一国家への道を歩み始めた。(大和朝廷の存在は、古墳などにもとづき推測されている)

(ハ) 国号の変更と律令制の導入

７世紀以降になると、我々の先祖は、『倭国』という蔑称に嫌悪《けんお》感を抱き、新国号・『日本』を用い始めたと考えられる。また、８世紀初頭には、律令《りつりょう》制(刑罰ならびに政治制度)が整備され、天皇を中心とした古代国家・『日本』の基礎が築かれた。

『い』律令国家・日本の範囲

（イ）律令制に組み込まれた九州南部

九州南部が律令国家・日本に組み込まれた時期は、おおむね8世紀から9世紀にかけてと推測される。（律令に抵抗した九州南部の人々は、『隼人《はやと》』と呼ばれた）

※『隼人』は、大和の民とは異なる風俗習慣を有した。

（ロ）律令制に組み込まれた関東地方

関東地方が現在の奈良県周辺を基盤とした勢力（※大和朝廷）に服属した時期は、律令制が整備される以前（7世紀ごろ）であると考えられている。

※律令制導入以前については、同勢力を『ヤマト政権』と表記する場合がある。

（ハ）律令制に組み込まれた東北地方広域

東北地方広域は、8世紀から9世紀にかけて、じょじょに、律令国家・日本に組み込まれていった。（律令制に抵抗した東北地方広域の人々は、『蝦夷《えみし》』と呼ばれた）

※『蝦夷《えみし》』は、北海道以北を意味した『蝦夷《えぞ》』と同表記・異義である。

『う』律令国家・日本の圏外

（イ）律令制の圏外にあった北海道以北

日本本土の人々（和人《わじん》）が北海道以北に到達する以前、そこにはアイヌの人々を中心とした世界が存在した。和人が北海道以北に進出を開始したのは、鎌倉時代以降であり、それまで、北海道以北は、律令《りつりょう》国家・日本の圏外にあった。

（ロ）律令制の圏外にあった東北地方北部

東北地方の中、現在の岩手県ならびに秋田県周辺までは、8世紀から9世紀にかけて、じょじょに律令制に組み込まれたが、青森県周辺（下北《しもきた》ならびに津軽《つがる》半島）は、12世紀終盤（鎌倉時代初期ごろ）まで律令国家・日本の圏外にあった。

（ハ）律令制の圏外にあった奄美群島以南

現在の鹿児島県に相当する地域の中、種子島《たねがしま》および屋久島《やくしま》（多禰国《たねのくに》）までは、おおむね8世紀から9世紀にかけて律令制に組み込まれたが、奄美《あまみ》群島以南は17世紀初期（江戸時代初期）まで律令国家・日本の圏外にあった。

『え』武家国家・日本の範囲

（イ）武家国家・日本に組み込まれた本州・九州・四国

12世紀の日本では、平氏《へいし》の武家政権が成立した。これ以降、明治維新までの日本は、武家国家（形式上律令国家）と位置づけられる。武家政権下では、おもに幕府が、本州・九州・四国の各地に領主を配置し、全国支配を展開した。

（ロ）北海道以北におけるアイヌ文化圏

北海道以北（北海道、樺太《からふと》および千島《ちしま》列島）には、江戸時代までにアイヌの人々を中心とした文化圏が確立されていた。彼らは、独自の言語（アイヌ語）を話し、乙名《おとな》・脇乙名《わきおとな》（村長・副村長）の統率下、村落的自治を確立していた。

（ハ）奄美群島以南における琉球文化圏

奄美群島以南の琉球《りゅうきゅう》列島には、江戸時代までに、琉球王国を中心とした文化圏が確立されていた。王国の人々は、琉球方言を話し、中国に朝貢《ちょうこう》していた。

※　奄美群島は、15世紀半ばまで、琉球とは異なる独自文化圏を形成していた。

『お』島国国家・日本の範囲

（イ）松前藩による北海道以北への進出

江戸時代には、松前《まつまえ》藩が、じょじょに北海道以北（北海道、樺太および千島列島）に対する支配を確立した。これに不満を持ったアイヌは、たびたび武装蜂起《ほうき》した。

※ 北海道以北は、和人の移住増加等により、明治期までに日本に同化された。

（ロ）薩摩藩による奄美群島以南への進出

江戸時代には、薩摩《さつま》藩が一気に琉球王国（奄美群島以南）を征服した。薩摩藩は中国に、その琉球支配を隠し続け、王国は、中国への朝貢を継続しながら、薩摩藩の支配下に入った。（琉球王国は、明治期に沖縄県となった）

（ハ）どこまでを現代国家・日本の範囲とするべきか

日本国家の形成過程には、当然、光と影の部分があった。我々は、その影の部分を心に留め置きつつも、強い領土意識を維持することが大切である。樺太から沖縄までが、現代国家・日本の範囲に平和的に残存することが望ましい。

目次

2章　各庁府県における大正時代の出来事

1．大正の概略史

2．各庁府県における大正時代の出来事

3章　大正時代における日本の統治範囲

1章　都道府県の前身である庁府県

予備知識　大正時代の2庁3府43県を読む前に

日本の国土は、47の都道府県に分かれています。つまり、各都道府県は、日本の一地域です。また、47の都道府県は、それぞれが知事を長《ちょう》とする地方政府でもあります。よって、各都道府県は、地方を管轄《かんかつ》する役所です。このように、『都道府県』という言葉は、それを国土の一部と考えた場合、『地域』という意味を持ち、それを地方統治機関と考えた場合、『役所』という意味を持つのです。（『都道府県』には、二つの意味があるのです）なお、法律用語では、地域としての都道府県は『行政区画』と呼ばれ、役所としての都道府県は『行政機関』と呼ばれます。

※『○○県』という行政区画（地域）には、その区画を管轄する機関として、区画と同一の名前をした『○○県』という行政機関（役所）が置かれています。

［具体例］四国の北東部には、香川県という行政区画が存在し、この区画は、高松市に本部（県庁）を置く香川県という行政機関が管轄しています。

1.　大正時代の２庁３府 43 県

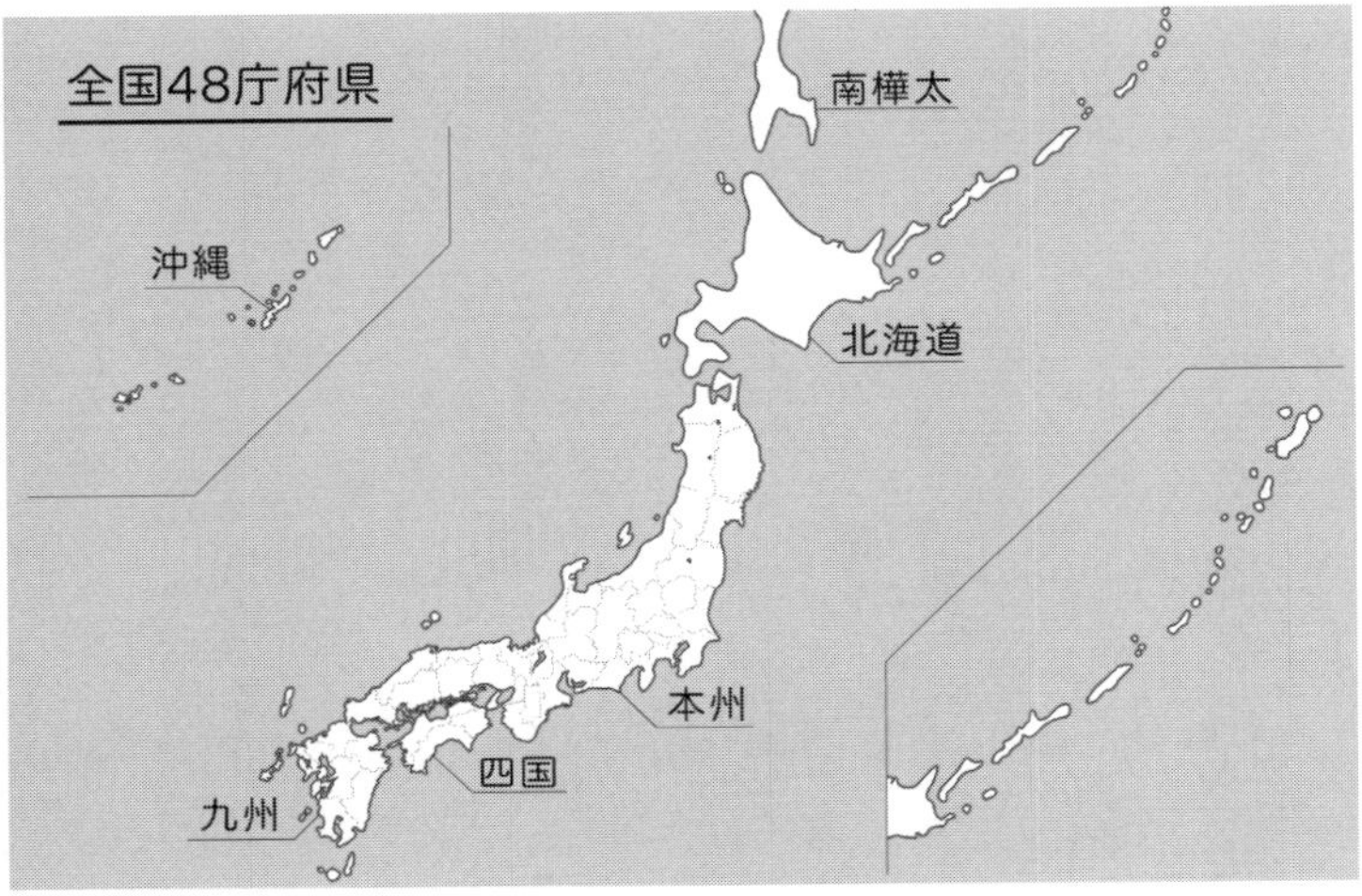

（イ）48庁府県

大正期の日本には、現在の47都道府県の前身に相当する48庁府県が存在しました。左記は、その内訳（2庁3府43県）です。

■2庁　樺太《からふと》庁、北海道庁

■3府　東京府、京都府、大阪府

■43県　青森県、沖縄県、ほか41県

右記48庁府県の中、樺太（南樺太）を管轄《かんかつ》していた樺太庁は消滅してしまいました。そのほかの47庁府県は、昭和22年（１９４７年）に今日の47都道府県に改編され、現在も存続しています。

（2庁の概要は後述します）

北海道の北側には、樺太と呼ばれる大きな島があります。

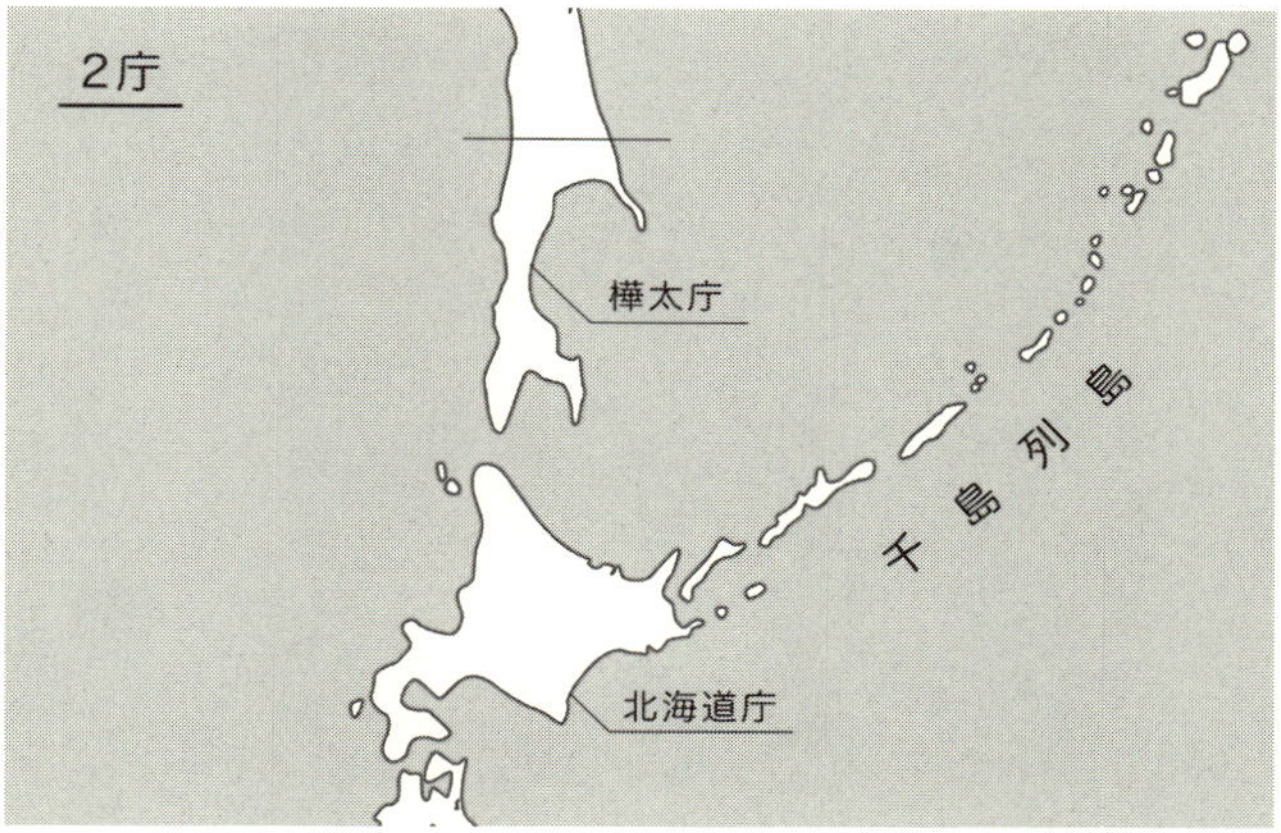

大正期に樺太といえば、それは、通常、南樺太を指しました。

右の中間線の南側が南樺太であり、北側が北樺太です。

(ロ) 2庁

大正期、『北海道』および『樺太』という地域（行政区画）は、『北海道庁』および『樺太庁』の管轄下にありました。都道府県の場合、すべての地域（行政区画）で、区画とその区画を管轄する役所の名前が一致しますが、庁府県の場合、右記の2庁のみが例外となります。これは、北海道および樺太（南樺太）が、歴史的に特別な地域（開拓地）であったためです。

現在は、北海道という地域を治める役所を『北海道』または『道《どう》』と呼び、その本部を『北海道庁』または『道庁』と呼びます。

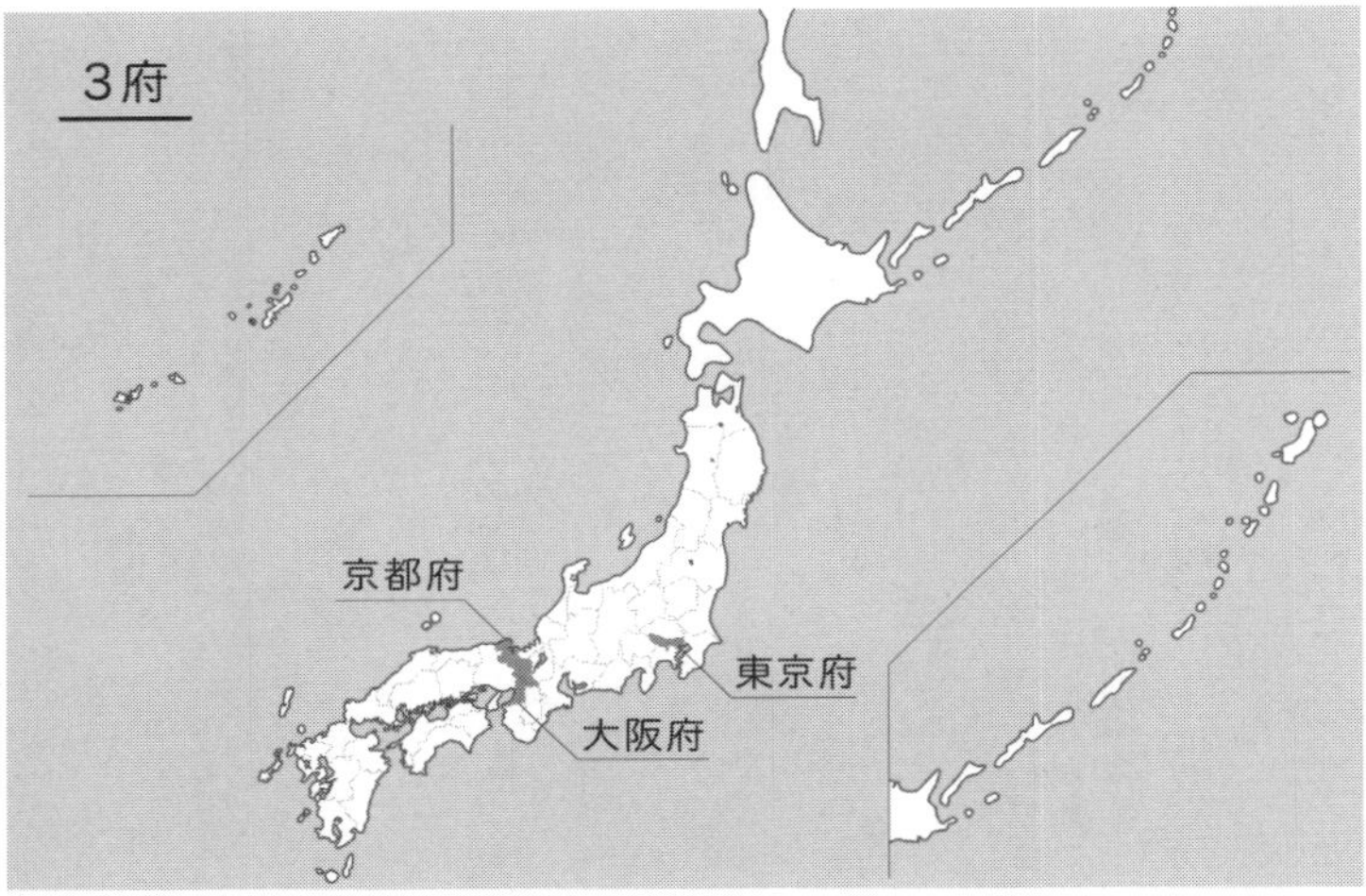

(八) 3府

大正期の日本には、東京府、京都府および大阪府の3府が存在しました。3府は、現在の東京都、京都府および大阪府の前身に相当します。(東京は『首府』と呼ばれました)

昭和期に入り、東京のみが、府から都に改編されました。その経緯などを列記します。

① 幕府の滅亡により、東京府が誕生します。

② 明治期、東京の中心区域に当たる部分が東京府より独立し、東京市になります。

③ 昭和期、東京の中心区域に当たる部分が東京府に再統合し、東京都が発足《ほっそく》します。

□東京の中心区域（東京市域）は、明治期には神田等の旧江戸区域に限定されたが、昭和期に現在の23区の領域に拡張された。なお、多摩地区は、明治26年に神奈川県より東京府に編入された。

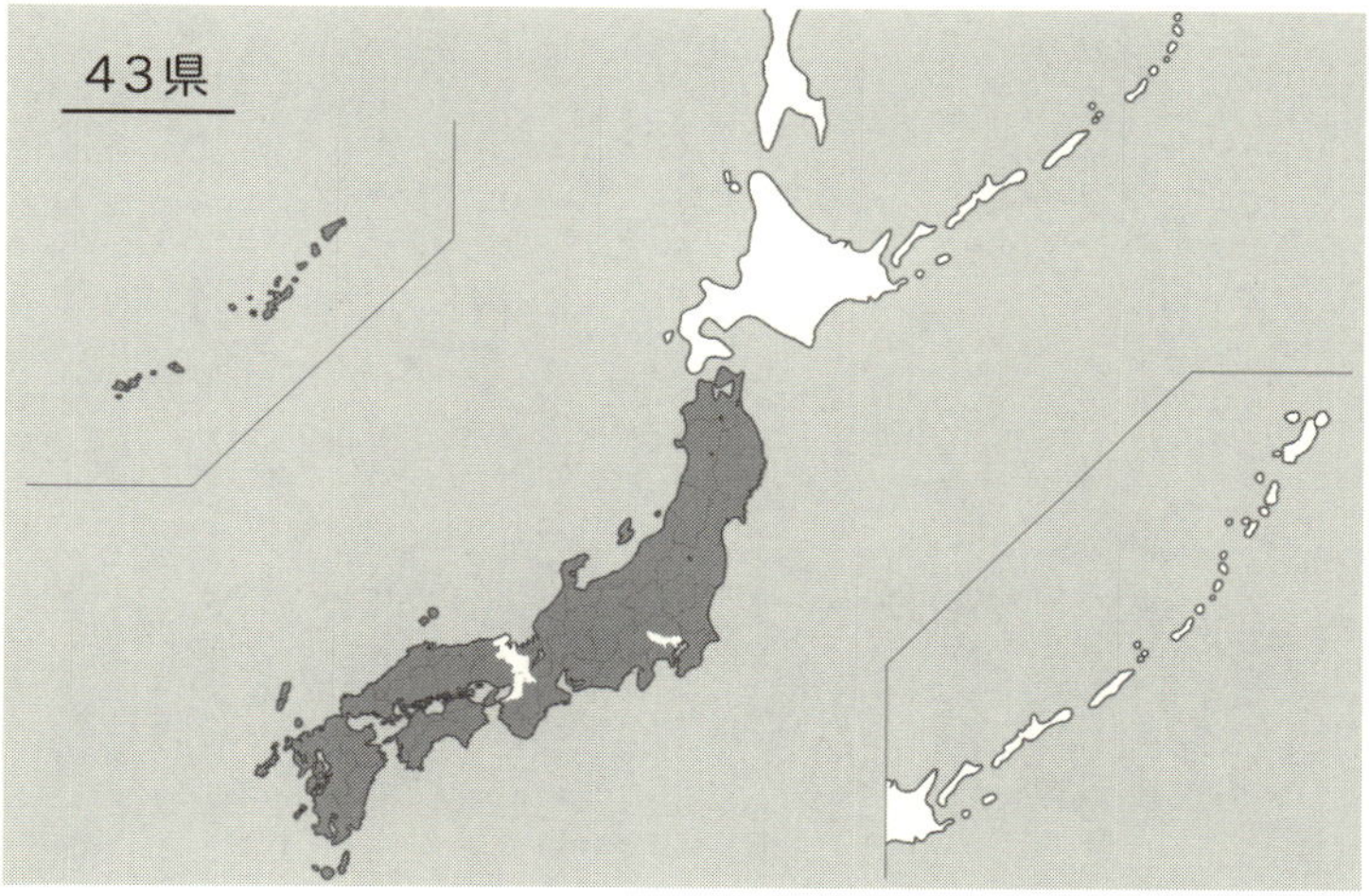

（二）43県

大正期の日本には、43の県がありました。大正期の県は、役所（地方政府）としての位置付けにおいて、現在の県と少し違いました。

【大正期の県】国の出先機関であり、県会（権限の弱い議会）を有した。↓　国家中心

※　3府も、国の出先機関であり、府会という議会を有した。（県会と同等）

※　2庁も、国の出先機関であったが、庁会という議会は存在しなかった。（北海道庁は県会より権限の弱い北海道会を有した。樺太庁は無議会であった）

【現在の県】国の出先機関ではなく、県議会を有する。↓　民意重視

※　都・道・府も、国の出先機関ではなく、都・道・府議会を有する。

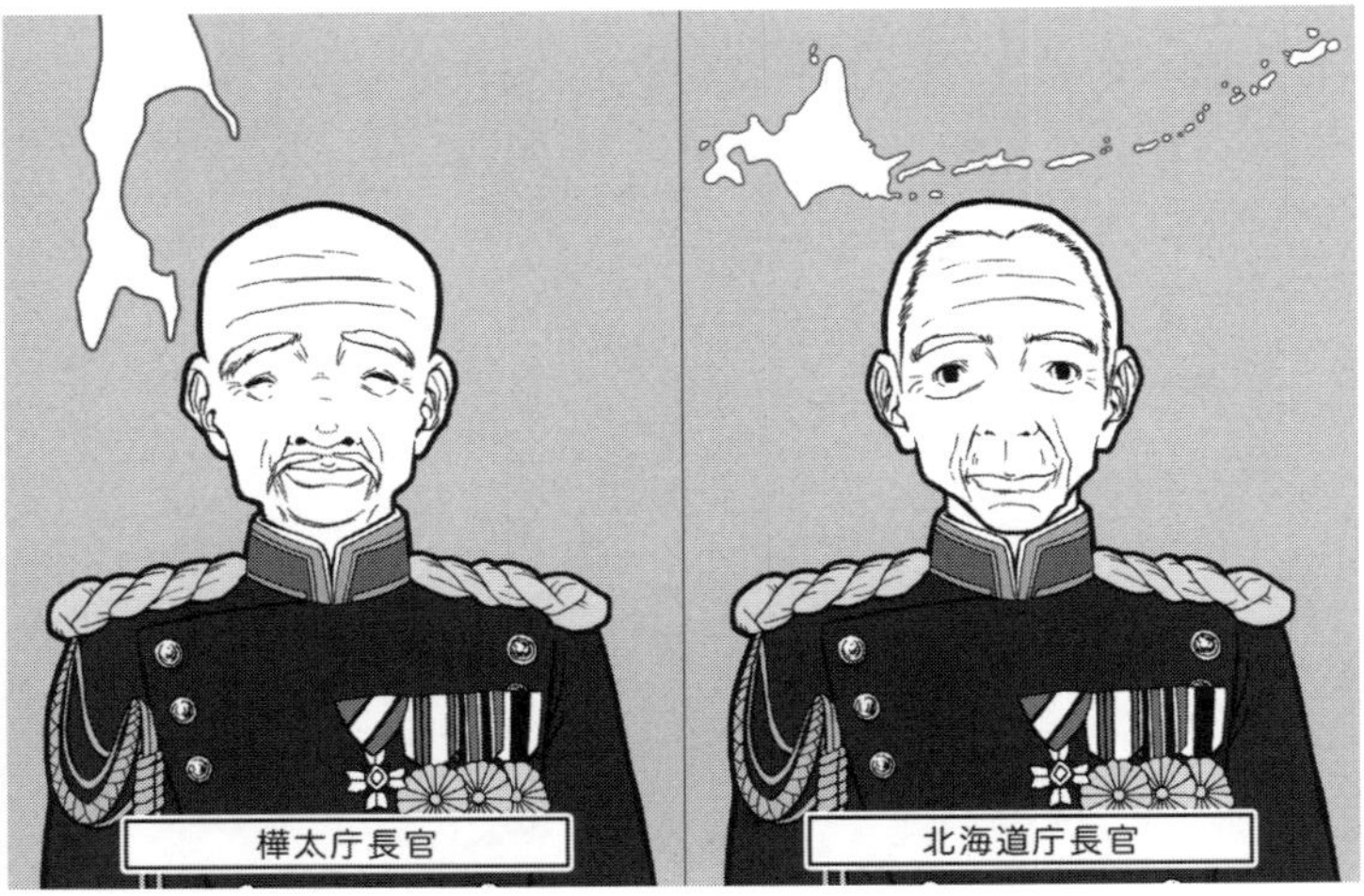

（ホ）長官

　大正期、北海道庁および樺太《からふと》庁の最高指揮官は、それぞれ北海道庁長官および樺太庁長官と呼ばれました。なお府県の最高指揮官は、長官ではなく、知事と呼ばれました。（昭和期に入り、東京府が東京都に改編されると、都の最高指揮官も約４年間、東京都長官と呼ばれました。（都長官は、昭和22年「１９４７年」に都知事に改称されました）

　大正時代、北海道庁長官は、内務大臣の指揮監督下にありましたが、樺太庁長官は、その配属先が４回変わりました。

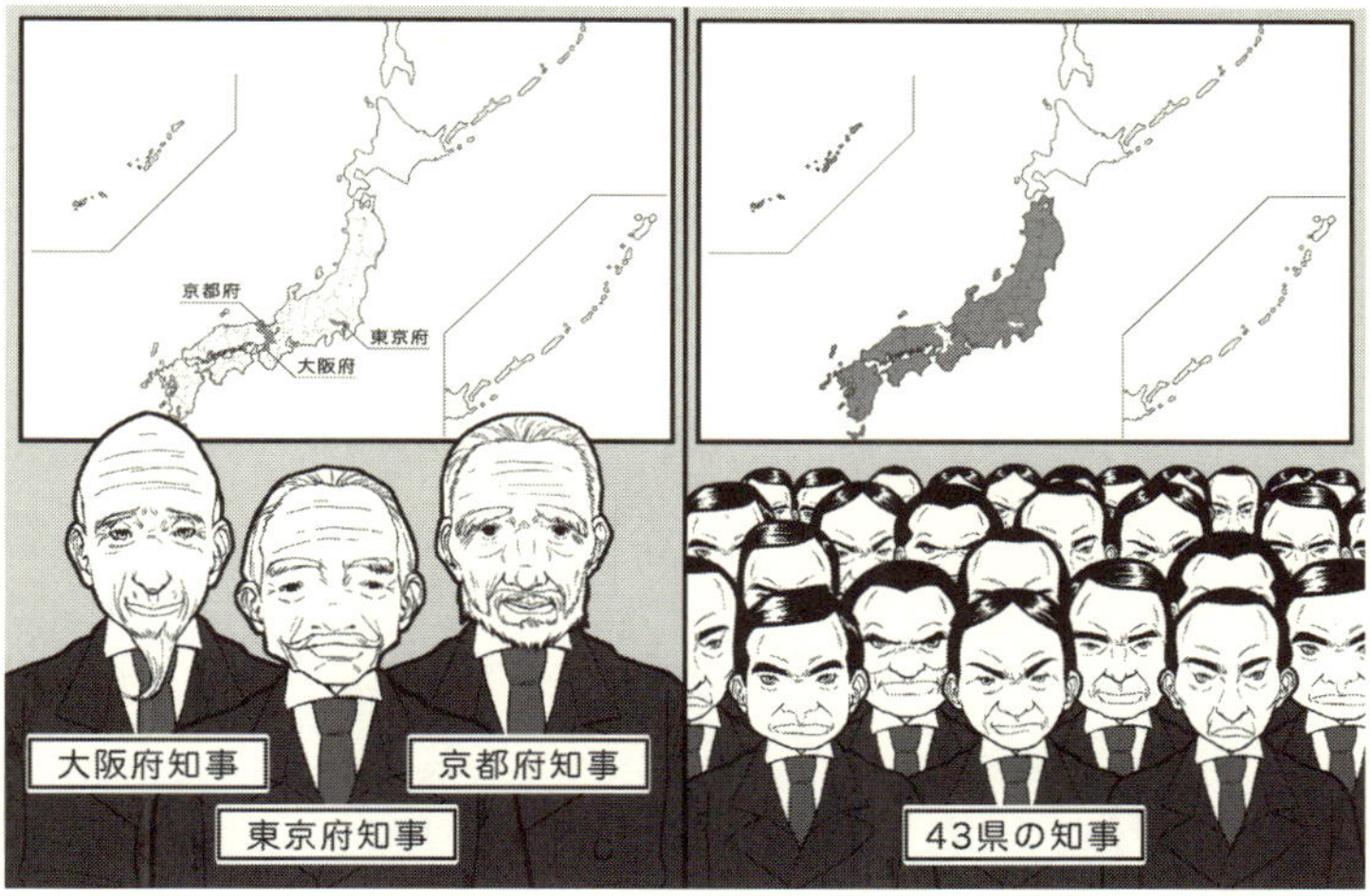

（へ）知事

左記は、大正期と現在の知事の比較です。

【大正期の府県知事の地位】

① 官選（国が各府県に知事を派遣）

② 内務大臣の指揮監督下（国の指揮監督下）

※ 北海道庁長官も、官選であり、内務大臣の指揮監督下にあった。

※ 樺太庁長官も、官選であったが、その所属先は大正期に四転した。

【現在の府県知事の地位】

① 民選（府県民が直接投票により選出）

② 原則的に国務大臣の所管外（自由裁量）

※ 都・道知事も、民選であり、原則的に国務大臣の所管外にある。

※ 2庁長官は、知事のような存在であった。

（ト）類似地域である北海道と樺太

和人《わじん》（日本本土の人々）が北海道、樺太《からふと》および千島《ちしま》に到達する以前、それらの地域には、アイヌ民族を中心とした北方世界が存在しました。和人が、北海道以北に進出を開始したのは、鎌倉時代以降であり、北海道以北の統治を開始したのは、江戸時代以降です。

和人の到達以前、北海道、樺太および千島においては、アイヌが自然と共存しながら、美しい北方世界を保っていました。我々が、この事実を忘れないことは、大変重要です。

（北方世界は、明治期、日本に同化された）

大正期の日本は、内地（日本本土）と外地（海外支配地域）を有した。

内地	古くから日本に属した地域
外地	新しく日本に属した地域

本州／九州／四国などは、古くより日本に属している。

大正期、北海道および樺太（南樺太）は、比較的新しく日本に属した地域（開拓地）と考えられた。
⇒元来は、両島ともに、アイヌ民族などの土地であった。
大正期、江戸時代以前に多くの和人が移住した北海道は、法律上、内地と考えられた。

大正期、明治時代以降に多くの和人が移住した樺太（南樺太）は、法律上、外地と考えられた。


［注意］外地には二つの種類がありました。日本の領土であるものと、そうでないものです。（外地の種類は、第３章の冒頭で説明します）

(チ) 法律上内地とされた北海道

左記は、大正期の北海道庁の位置付けです。

① 北海道庁は、府県とは同格ではなかったが、準府県のような扱いを受けていた。

② 府県は、府県会を有したが、北海道庁は、府県会より権限の弱い北海道会を有した。

③ 北海道庁が管轄していた区画（北海道）は、法律上、内地（日本本土）とされた。

※ 北海道庁は、昭和22年（1947年）に、北海道に改編され、県と同格になりました。その時、道長官も道知事に改称されました。最後の北海道庁長官は、岡田包義《かねよし》氏です。

外地性が希薄であった樺太

■大正期、樺太（南樺太）は、法律上、外地と考えられました。しかし、樺太は、歴史的に日本との関係が深かったため、昭和１８年に内地に編入されました。

※　日本は、樺太島を本格的に開拓した最初の国家です。この点に着目した場合、先人方の極寒の中における開拓努力を忘れないことが大切です。

※　日本は、アイヌの方々が自然と共存なさっていた樺太島を本格的に開拓した最初の国家です。この点に着目した場合、アイヌの方々の先住性を忘れないことが大切です。

（リ）法律上外地とされた樺太

左記は、大正期の樺太《からふと》庁の位置づけです。

①　樺太庁は、北海道庁とは同格ではなかったが、両庁は、類似《るいじ》の組織であった。

②　北海道庁は、北海道会を有したが、樺太庁は、議会を有していなかった。

③　樺太庁が管轄していた区画（南樺太）は、法律上、外地（海外支配地域）とされた。

※　昭和12年（１９３７年）、樺太庁には、樺太庁評議会が設置されました。同評議会は、第2次世界大戦の勃発《ぼっぱつ》により、議会組織に発展することなく消滅しました。

（ヌ）内務大臣

大正期、日本の内閣には、内務大臣という閣僚が存在しました。内閣とは、国家中枢機関の一つであり、内閣に在籍する人々は、閣僚（国務大臣）と呼ばれます。大正期、内務大臣は、府県知事および北海道庁長官を指揮監督していた閣僚であり、事実上の副総理大臣とみなされていました。また、内務大臣が率いる役所は、内務省と呼ばれました。

※　国家運営上必要であった内務省は、第２次世界大戦後、ＧＨＱ（連合国軍総司令部）の対日政策により、分離・解体されました。

（ル）拓務大臣［昭和4年以降］

大正期の日本は、植民地政策にもとづき、外国を支配していました。日本は、大正期に、その支配地域を拡大させたため、昭和４年（１９２９年）に、効率的な外地《がいち》経営を目的として拓務《たくむ》省を創設します。当時、樺太《からふと》（南樺太）が、法律上、外地とみなされていたため、樺太庁は拓務省に配属されました。なお、同省の最高指揮官は、拓務大臣です。

※ 昭和17年、拓務省が廃止され、樺太庁が内務省に編入されると、翌18年、樺太が内地に編入されました。（拓務大臣は閣僚です）

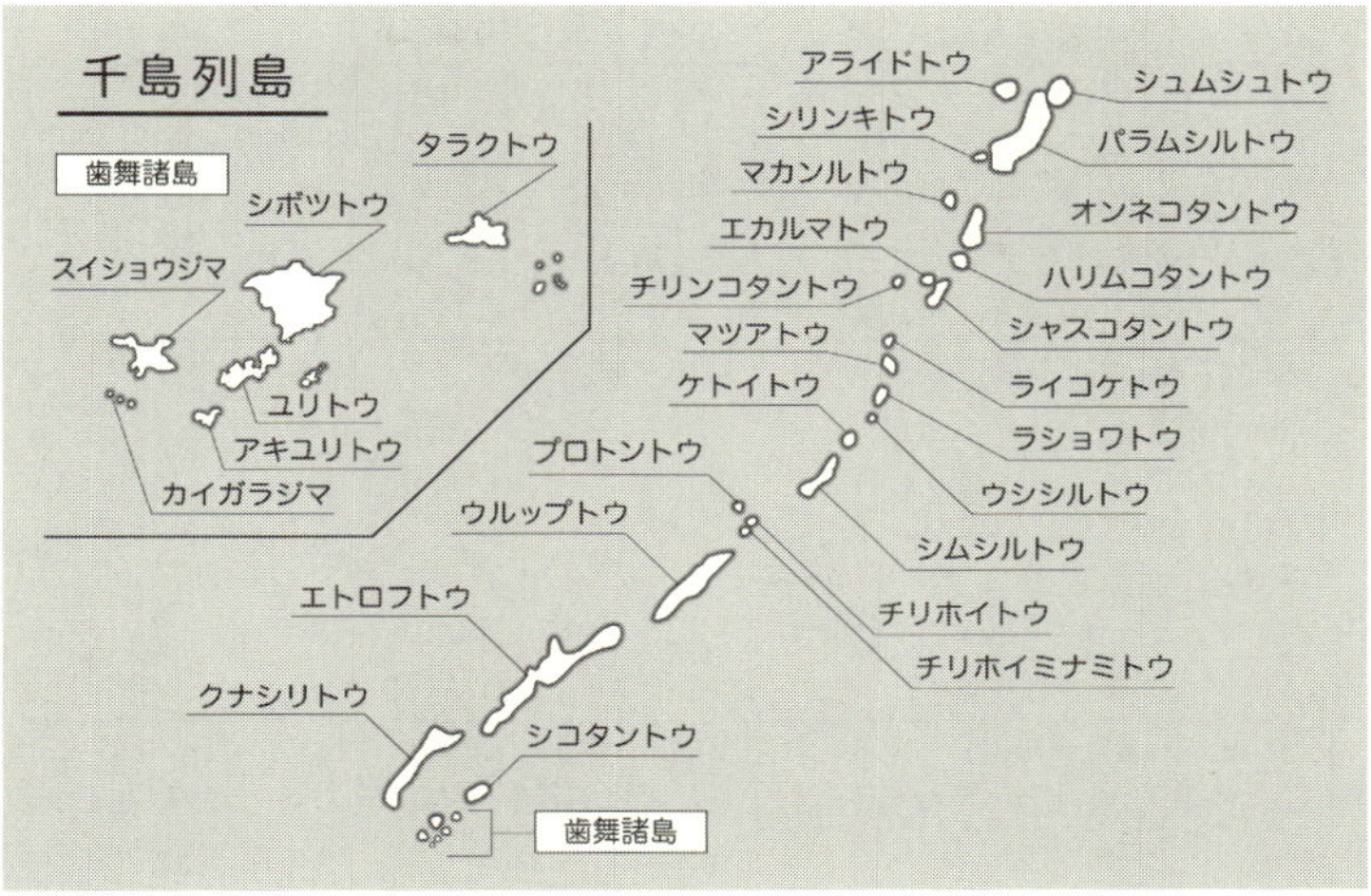

(ヲ) 北海道庁の管轄下にあった千島列島

広域な北海道は、行政上、複数の地域に分割されており、各地域は、支庁と呼ばれる役所の管轄下にあります。大正期、北海道の東端部を管轄していた役所は、北海道庁根室《ねむろ》支庁であり、千島《ちしま》列島のほぼ全域は、大正後期まで同支庁の直接管轄下にありました。大正12年（1923年）、択捉《えとろふ》島以南の南千島には町村制が施行《せこう》され、村役場が設置されます。得撫《うるっぷ》島以北の北千島には、町村制は施行され ず、同地域は、その後も根室支庁の直接管轄下に置かれ続けました。

大正期の2庁3府43県の位置づけ

行政区画としての性格	役所としての性格
■3府43県は行政区画であるが、2庁は行政区画ではない。 ■2庁が管轄していた北海道と樺太(南樺太)が、行政区画である。	■3府43県は、知事を最高指揮官とした役所(行政機関)である。 ■2庁は、長官を最高指揮官とした役所(行政機関)である。

3府43県は、行政区画であると同時に、役所である。

[具体例]香川県という行政区画には、この区画を管轄する機関として、区画と全く同じ名前を持った香川県という役所が置かれていた。

2庁は、行政区画ではないが、役所である。

[具体例]北海道および樺太(南樺太)という行政区画には、それぞれ、これらの区画を管轄する機関として、北海道庁および樺太庁という役所が置かれていた。


『要点』①大正期の庁府県は、現在の都道府県の前身に相当する。
②大正期の北海道庁は府県に近い存在(準府県のような存在)であった。
③大正期の樺太庁は、北海道庁を模した役所(行政機関)であった。

庁府県は国の出先機関であったが、都道府県は国の出先機関ではない。

『都・道・府・県』の事務所(本部)は、『都庁・道庁・府庁・県庁』と呼ばれる。

『庁・府・県』の場合、『府・県』の事務所(本部)を『府庁・県庁』と呼んだ。

2庁の本部に対する特別な呼称はなく、これらを支庁と区別する必要があった場合、これらは札幌の本庁およ豊原の本庁と呼ばれた。(豊原=樺太の島都)

大正期の2庁2府43県の配属先

■1庁3府43県(北海道庁および3府43県)は、内務省の下部組織であった。
■1庁(樺太庁)のみ、その配属先が四転した。

年代順に見る樺太庁の配属先

①明治40年[1907年]の樺太庁創設時　内務省の管轄下へ
②明治43年[1910年]:内閣(内閣直轄の拓殖局)の管轄下へ←拓殖局創設
③大正2年 [1913年]:内務省の管轄下へ←拓殖局廃止
④大正6年 [1917年]:内閣(内閣直轄の拓殖局)の管轄下へ←拓殖局再設置
⑤大正11年[1922年]:内閣(内閣直轄の拓殖事務局)の管轄下へ←拓殖局廃止
⑥大正13年[1924年]:内閣(内閣直轄の拓殖局)の管轄下へ←拓殖局再設置
⑦昭和4年 [1929年]:拓務省の管轄下へ←拓殖局は大臣が率いる省組織へ発展。
拓殖は『たくしょく』と読む。拓殖は、"開拓"を意味する。

〈具体例〉『北海道拓殖銀行』は、『北海道開拓銀行』と解することができる。

『北海道拓殖銀行』は、国から十分な支援を受けられず、平成9年に破綻した。

2.　唯一消滅した樺太庁の近代史

（イ）松前藩の漁村が存在した樺太南部

樺太《からふと》の南部には、大泊《おおどまり》（露名　コルサコフ）と呼ばれる町があり、樺太の南端部は、この町のあたりで二つの半島（能登呂《のとろ》半島および中知床《なかしれとこ》半島）に分かれています。両半島に挟まれた海域は、亜庭《あにわ》湾と呼ばれ、この湾に面した大泊町の楠渓《なんけい》地区には、江戸時代、松前《まつまえ》藩の漁村（漁業基地）が存在しました。当時この漁村一帯は、久春古丹《くしゅんこたん》と呼ばれました。

※　江戸時代、北海道および樺太は、それぞれ、蝦夷地《えぞち》および北蝦夷地と呼ばれ、渡島《おしま》半島南部を拠点とした松前藩に支配されていました。

（ロ）間宮林蔵の間宮海峡発見

江戸時代前期、松前藩は、樺太南部の久春《くしゅん》古丹《こたん》に漁業基地を建設しながらも、樺太北部の事情には精通しておらず、樺太が島であることを断定できずにいました。

江戸時代後期、幕府は、国防上、樺太が島であることを確認する必要があると認識し、同地に調査員（間宮林蔵《まみやりんぞう》）を派遣します。

文化《ぶんか》６年（１８０９年）、林蔵はアイヌおよびニヴフの方々に助けられながら、世界で初めて樺太が島であることを宣言しました。

※　大陸と樺太の間を間宮海峡と呼びます。

（八）樺太に関心を持ちはじめたロシア

ロシアは、元来、ウラル山脈（アジアと欧州を隔《へだ》てる山脈）の西側に存在した国家ですが、16世紀後半より、同山脈を越えてアジア侵出を開始します。ロシアは、18世紀前半に、その国号を正式に帝国とし、領土拡張傾向を強めます。ロマノフ朝ロシア帝国となったロシアは、19世紀には、樺太の占領にも関心を持ちはじめ、久春古丹《くしゅんこたん》に日本を威嚇《いかく》するための砦《とりで》（哨所《しょうしょ》）を作りました。

※ ロシア軍は、嘉永《かえい》6年（１８５３年）に右の砦に入りましたが、翌年に撤退しました。

日露通好条約にもとづく国境線　　千島樺太交換条約にもとづく国境線

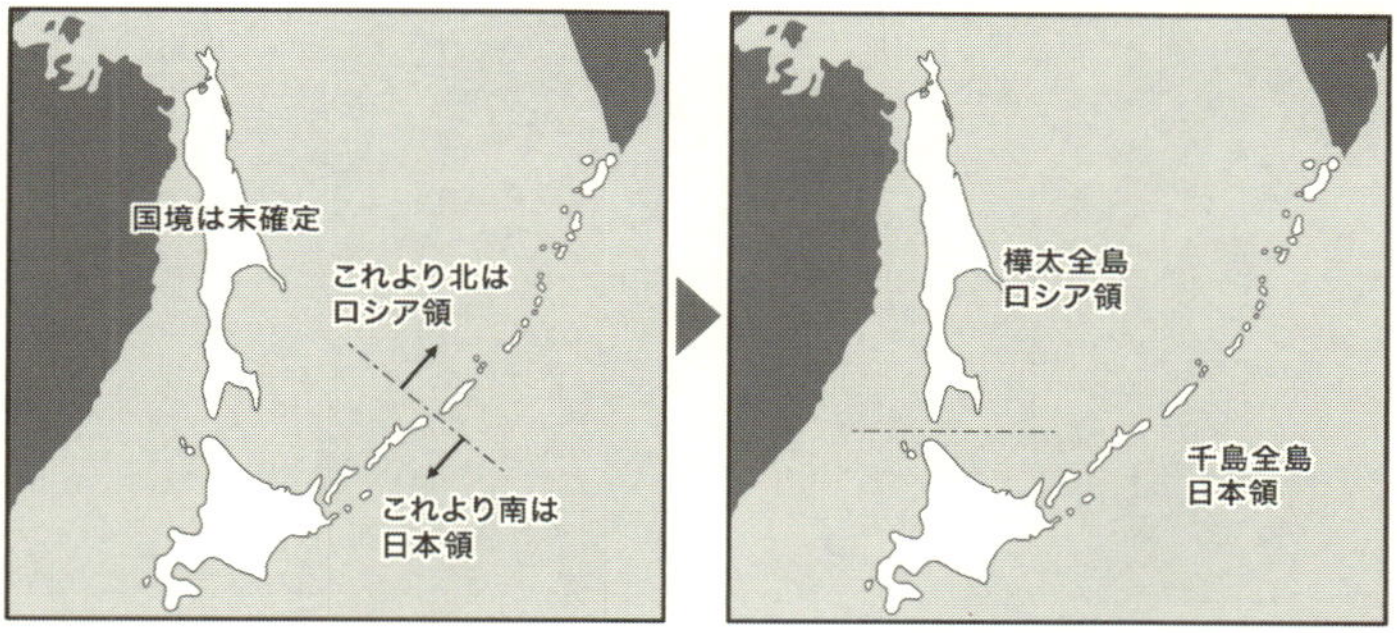

（二）日露通好条約と千島樺太交換条約

ロシア帝国は、嘉永《かえい》7年（１８５４年）に久春古丹から撤退したものの、その翌年、日本に日露通好条約を締結させ、樺太《からふと》の帰属（樺太における日露の国境）が未確定であることを認めさせます。なお、同条約は、千島《ちしま》における日露の国境を画定させました。

①　択捉《えとろふ》島以南の南千島は、日本領である。
②　得撫《うるっぷ》島以北の北千島は、ロシア領である。

千島樺太交換条約―明治8年（１８７５年）

ロシア帝国が、北千島と引き換えに、（混乱期にあった）日本に、樺太を放棄させました。

（ホ）ロシアの流刑地にされた樺太

樺太《からふと》は、江戸時代前期より、日本がロシアに先んじて開拓をおこなった島ですが、明治８年（１８７５年）に、ロシア帝国に事実上併合されてしまいました。ロシア帝国は、明治８年から同38年まで、樺太島全体（北樺太ならびに南樺太）を流刑《るけい》地として支配し、島内に流刑都市を建設したのです。言い換えれば、樺太島全体が事実上、一つの大きな刑務所にされてしまったのです。

（ロシア人作家のアントン・チェーホフは、ロシア帝政下における樺太島を『地獄』と評しています）

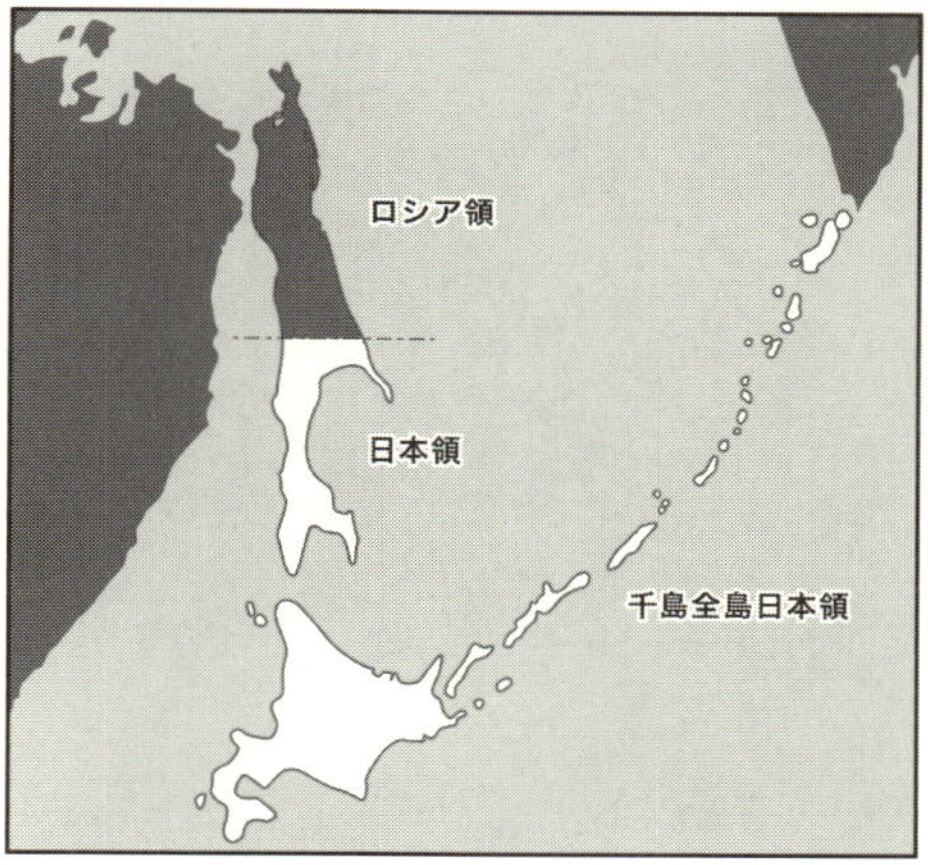

（へ）南樺太の日本復帰

明治37年（１９０４年）、日露両国の対立が深まり、両国は戦争状態に突入します。日本は、約1年半でロシア帝国との戦争に勝利し、同国とポーツマス条約を結びます。この条約の主な内容を次に列記します。

① 日露両国は、戦争状態を終結させる。

② ロシア帝国は、樺太の北緯50度線以南を日本に割譲《かつじょう》する。

ロシアが、日本勝利の証《あかし》として、樺太の半分を日本に返したのです。この時以降、北緯50度線以北が北樺太、以南が南樺太と呼ばれるようになりました。

（ト）ソビエト連邦に接収された南樺太

明治40年（１９０７年）、日本は樺太《からふと》開拓を本格化させるため、樺太（南樺太）に同地を管轄する役所（樺太庁）を設置します。これ以降、樺太への移住者は、じょじょに増加し始め、昭和18年（１９４３年）、樺太は正式に内地に編入されたのです。しかしながら、昭和20年、ソビエト連邦が樺太に突如《とつじょ》攻め入り、同地を接収してしまいました。

※ ロマノフ朝ロシア帝国（ソ連の前身国）

※ ソビエト社会主義共和国連邦（ソ連）

※ ロシア連邦（ソ連の後継国＝現在のロシア）

2章　各庁府県における大正時代の出来事

予備知識　大正の概略史を読む前に

大正は、15年に満たない短い時代でした。しかし、すさまじい変革期でした。

【政治的な変貌《へんぼう》】　大正期には、多くの江戸時代生まれの方々が亡くなり、封建的な思想が弱まる一方、議会が重視され始め、民本的（民主的）な思想が強まりました。大正2年には、江戸幕府最後の将軍・徳川慶喜《よしのぶ》公爵が亡くなり、時の総理大臣・桂《かつら》太郎が、民衆運動の激化により、退陣に追い込まれました。

【経済的な変貌】　大正期には、欧州で勃発した第1次世界大戦が、日本に空前の好景気をもたらし、日本は一気に、債務国から債権国へ、そして農業国から工業国へ転じます。しかしこの好景気は、日本を富裕層および貧困層に二分したため、日本各地では、格差の是正を求める労働争議が頻発しました。

【文化的な変貌】　大正期の日本では、都市部を中心に、洋食および洋装が一般化しはじめました。背広姿の会社員が珍しくなくなったのは、大正時代です。

1. 大正の概略史

（イ）元年　大正時代最初の日

明治45年（１９１２年）７月30日、明治天皇が崩御《ほうぎょ》し、大正天皇が践祚《せんそ》します。崩御とは天皇が亡くなることであり、践祚とは皇太子が新しい天皇になることです。新天皇は先帝の喪《も》が明けると、即位式にて自分が新帝であることを公《おおやけ》に宣言します。践祚とは、新帝が公に即位宣言をするまでの間の仮即位ともいわれます。大正天皇は、明治天皇崩御と同時に践祚し、その時、元号も明治から大正へ変わりました。１９１２年７月30日が、大正時代最初の日です。

(ロ) 2年　大正の政変

明治時代は、江戸幕府の打倒に貢献《こうけん》をした藩閥《はんばつ》と呼ばれる人々が、日本の政治的実権をほぼ独占していました。しかし大正時代に入ると、日本人の多くは藩閥による独裁的な政治に不信感を持ちはじめ、議会による民主的な政治を望むようになります。このような状況下、大正２年（１９１３年）２月、藩閥の一員であった桂《かつら》太郎陸軍大将による第３次内閣が、民衆運動の激化により、総辞職に追い込まれました。この日本初の民衆決起による倒閣《とうかく》事件を「大正の政変」と呼びます。

大正3年　小不況の到来

【経済メモ】欧州で勃発した第1次世界大戦が世界全体に恐怖感を与え、日本経済も影響を受けました。大戦勃発から数ヶ月間は、日本経済も不況に近い状態でした。

（八）3年　シーメンス事件

大正3年（1914年）1月、日本海軍の高官が、ドイツ・シーメンス社より、賄賂《わいろ》をもらっていたことが発覚します。（シーメンス事件）同事件を受け、海軍が内部調査を実施すると、新たな不正が見つかりました。複数高官が、軍艦金剛《こんごう》の発注に絡《から》み、イギリス・ヴィッカース社代理店（三井物産）から金《かね》を受け取っていたのです。この結果、海軍出身の山本権兵衛《ごんべえ》率いる内閣は、総辞職に追い込まれました。

（同年、第1次世界大戦が欧州で勃発し、日本も、局地的な参戦をしました）

大正4年　特需の発生

【経済メモ】大戦の主戦場が欧州であったため、安心をした日本は、経済活動（輸出）に注力しました。（特需景気＝戦争等の特殊要因によって発生する好景気）

(二)　4年　21カ条の要求

大正4年（1915年）、日本は中国に対し、「21カ条の要求」という難題を押しつけます。これらの要求の主要目的は、第1次世界大戦に忙殺《ぼうさつ》されたドイツの中国権益《けんえき》を奪《うば》い取ることにありました。しかしこれらの中には、中国人の自尊心《じそんしん》を傷《きず》つける条項も数多く含まれていたため、要求内容が公開されると、中国人の対日感情は大変悪化しました。また各国政府も、日本の対中国政策を批判したため、日本はのちに、要求の一部を撤回することになりました。

（ホ）5年　吉野作造東大教授の民本主義

大正5年（1916年）、東京帝国大学の吉野作造《さくぞう》教授が、雑誌・中央公論に民意の重要性を説《と》いた論文を発表します。この論文は、民本《みんぽん》主義の原点といわれ、日本で活発化しつつあった民衆活動を強く刺激しました。民本主義とは、国家の運営は国民一人ひとりにより決定されるべきであり、国民一人ひとりの幸福の追求が国家の最重要課題であるという考え方を示しています。当時の憲法は、天皇主権を定めていたため、民主主義という言葉は使われませんでした

（へ）6年　河上肇京大教授の貧乏物語

大正3年（1914年）に勃発《ぼっぱつ》した第1次世界大戦が長期化すると、日本は欧州で必要となる物資の製造工場となり、空前の貿易黒字を得ます。この黒字は、日本各地で成金《なりきん》と呼ばれる大富豪を誕生させる一方、物価高騰《こうとう》も招《まね》き、庶民《しょみん》生活を圧迫しました。大正6年には、それまで安定していた米価までも高騰を開始し、庶民は食事にすら困るようになりました。この貧困問題に着目した河上肇《はじめ》（京都帝国大学教授）の「貧乏《びんぼう》物語」は、大正6年の売れ筋書籍です。

大正7年　特需の終息

【経済メモ】同年11月に大戦が休戦（実質的終戦）状態に入ると、日本の特需景気も終息しました。（大正4年から同7年までに、日本は莫大な貿易黒字を獲得しました）

（ト）7年　シベリア出兵

欧州を主戦場とした第1次世界大戦では、英仏露を軸とした国々とドイツを軸とした国々が戦っていました。しかし大戦が長期化する最中《さなか》、ロシアが共産主義国化し、ドイツと講和条約を結ぶと、英仏は独露を牽制《けんせい》するため、露領シベリアへの派兵を決定します。大正7年（1918年）、日米も英仏の要請《ようせい》により、シベリア共同出兵をおこないます。しかし日本の出兵は、結果的に失敗に終わりました。

（大正7年、富山県魚津《うおづ》町では、あの有名な米騒動が発生しました）

（チ）8年　三一運動及び五四運動

明治時代、日清《にっしん》戦争に勝利した日本は、清（中国）から台湾の割譲《かつじょう》を受け、その後、台湾対岸地域である福建《ふっけん》省の実質的支配権も獲得します。また朝鮮半島（韓国）も、明治期に植民地として日本に併合されます。しかし、大正8年（1919年）春、日本の支配に不満を持っていた韓国および中国の人々が抗日活動に立ち上がったのです。これらを、それぞれ、三一《さんいち》運動（韓国）および五四《ごし》運動（中国）と呼びます。

（大正8年6月28日、第1次世界大戦の講和条約が結ばれました）

大正9年　大不況の到来

【経済メモ】同年3月、東京および大阪市場の株価が大暴落し、日本経済は不況に突入しました。以降、昭和恐慌、軍部台頭、世界的経済対立、第2次大戦へと続くのです。

(リ) 9年　尼港事件

大正9年（1920年）、米英仏などの国々が、露領シベリアからの撤兵《てっぺい》を完了します。しかし日本は、領土的野心および共産主義に対する不信感により、シベリア撤兵に消極的でした。

こうした状況下、黒龍江《こくりゅうこう》河口付近の尼港《にこう》（露名：ニコライエフスク）に駐屯《ちゅうとん》中であった日本軍の小部隊が、ロシア人率いる過激武装集団により包囲され、皆殺《みなごろ》しにされました。これを尼港事件といいます。

（大正9年、日本は国際連盟の常任理事国となり、新渡戸稲造《にとべいなぞう》が連盟の事務局次長に就任しました）

（ヌ）10年　皇太子殿下摂政ご就任

大正10年（1921年）、大正天皇が、ご公務から離れられ、皇太子殿下（のちの昭和天皇）が摂政《せっしょう》に就《つ》かれました。摂政とは、天皇の国事行為を代行する職務を指し、通常、皇太子がこの職に就きます。大正天皇は、臣下（側近）に対しても大変優しい方でしたが、幼少期より大変ご病弱な方でもありました。

大正天皇は、践祚《せんそ》（即位）後の激務によりご病状を悪化され、ご公務を離れられることとなったのです。

（大正10年、原敬《はらたかし》総理大臣が、東京駅で暗殺されました）

全国水平社	日本共産党
立ち上がる被差別部落民 江戸時代以前の日本には、特定の職業に就いている人々が集団で生活をする村が存在した（村は各地に存在し、特定の職業に就いている人々は、社会から不当な差別を受けていた）。 明治期に入ると、これらの村々は、特殊部落と呼ばれ、差別され続けた。 大正期に入ると、差別を受けていた村（被差別部落）の人々が、差別の不当性を訴え、全国水平社を結成した。	**現在の主な目標** 米国への追従政策の廃止 大企業に対する過度な優遇政策の廃止 **長期的・最終的な目標** 私有財産権を制限すること 均一的な富の分配 ↓ 共産主義国家の樹立 （すべての物を国家に所有させること）

(ル)11年　日本共産党および全国水平社の誕生

大正期には、社会運動が盛んとなり、特殊な目的を持った活動団体が組織されました。

大正11年（1922年）には、特記すべき団体が二つ組織されました。一つは日本共産党という政党であり、もう一つは全国水平《すいへい》社という結社です。

共産党は、最終的に私的所有権を廃止し、すべての物を国家に所有させることを目的としています。水平社は、被差別部落民に対する社会的差別の不当性を訴え、これに打ち勝つことを目指していました（水平社宣言は一読に値します）。

（ヲ）12年　関東大震災

大正12年（１９２３年）９月１日正午近く、信じられないような超巨大地震が、関東地方を襲いました。これを関東大震災《しんさい》と呼びます。震災発生当時、多くの人が、昼食準備のため火を使っていましたので、関東広域は、またたく間《ま》に炎《ほのお》に包《つつ》まれました。

１日正午ごろに発生した大火災は、約２日間にわたり、関東広域を焼きつくし、死者は９万人を超え、行方不明者も１万３千人に達しました。この大震災は、第１次世界大戦後の反動不況に苦しむ日本経済に追い打ちをかけました。

現在の宮家はすべて大正天皇の子・孫・曾孫が創設した家である。

現在の5宮家				
秋篠宮《あきしののみや》	常陸宮《ひたちのみや》	三笠宮《みかさのみや》	桂宮《かつらのみや》	高円宮《たかまどのみや》※
(大正天皇の曾孫)	(大正天皇の孫)	(大正天皇の四男)	(大正天皇の孫)	(大正天皇の孫)

※ご当主はご逝去。

昭和22年に11宮家が皇室離脱

11家の他、直宮《じきみや》と呼ばれる秩父宮《ちちぶのみや》、高松宮《たかまつのみや》および三笠宮《いかさのみや》の3家が存在した。

〈11宮家〉	伏見宮《ふしみのみや》	朝香宮《あさかのみや》	賀陽宮《かやのみや》	閑院宮《かんいんのみや》	北白川宮《きたしらかわのみや》
久邇宮《くにのみや》☆	竹田宮《たけだのみや》	梨本宮《なしもとのみや》	東伏見宮《ひがしふしみのみや》	山階宮《やましなのみや》	東久邇宮《ひがしくにのみや》

※香淳皇后は久邇宮家のご出身。

(ワ) 13年　皇太子殿下ご成婚

大正13年（1924年）1月26日、摂政《せっしょう》に就《つ》かれていた皇太子殿下（のちの昭和天皇）が、久邇宮良子《くにのみやながこ》女王殿下（のちの香淳《こうじゅん》皇后）とご結婚なさいました。

天皇家に連《つら》なる家の中には、宮家《みやけ》と称され、皇室に属する家があります。平成21年終盤現在、宮家は5つありますが、昭和22年当時は、14の宮家がありました。同年後半、14家中の11家が、皇室を離脱されたため、宮家の数が少なくなったのです。香淳皇后のご実家である久邇宮家も、皇室を離脱された11宮家中の1家です。

（カ）14年　日ソ基本条約

大正9年、尼港《にこう》事件が発生すると、日本は、共産勢力を警戒し、南樺太《みなみからふと》（日本領）と接する北樺太《きたからふと》（※露領）を占領しました。

※　ロシアは、当時、内乱状態にありましたが、大正11年までに、その状態を終息《しゅうそく》させ、ソビエト社会主義共和国連邦となりました。

大正14年（１９２５年）、日本は、ロシア帝国の後継国であるソビエト連邦と日ソ基本条約を結び、旧露領北樺太を同連邦へ譲渡しました。

（大正14年には、治安維持法および普通選挙法（通称）が成立しました）

(ヨ) 15年　大正時代最後の日

大正15年（1926年）12月25日、大正天皇が崩御《ほうぎょ》し、皇太子殿下（のちの昭和天皇）が践祚《せんそ》します。天皇が亡くなることを崩御といい、皇太子が新天皇になることを践祚といいます。

昭和天皇は、大正天皇崩御と同時に践祚し、その時、元号は大正から昭和へ改《あらた》められたのです。1926年12月25日が、昭和最初の日です。なお、天皇崩御の後、大喪儀《たいそうのぎ》という天皇の葬儀《そうぎ》がおこなわれます。大正天皇大喪儀は昭和2年2月7日、新宿御苑《ぎょえん》にておこなわれました。（翌日、多摩陵《たまのみささぎ》に埋葬）

2. 各庁府県における大正時代の出来事

(イ) 樺太

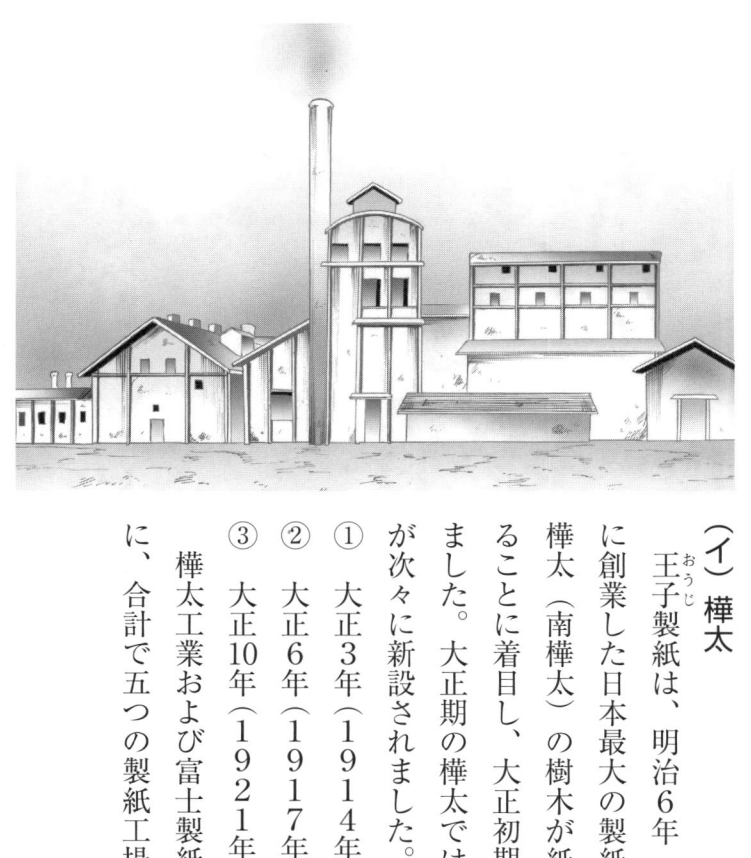

王子《おうじ》製紙は、明治6年（1873年）2月に創業した日本最大の製紙会社です。同社は、樺太（南樺太）の樹木が紙の原料に適していることに着目し、大正初期に、樺太に進出しました。大正期の樺太では、王子製紙の工場が次々に新設されました。

① 大正3年（1914年）12月　大泊《おおどまり》工場
② 大正6年（1917年）1月　豊原《とよはら》工場
③ 大正10年（1921年）11月　野田《のだ》工場

樺太工業および富士製紙も、大正期の樺太に、合計で五つの製紙工場を新設しました。

(ロ) 北海道

新千歳《ちとせ》空港の起源は大正時代までさかのぼります。大正末期、千歳村（現・千歳市）の人々が無償の汗を流し、千歳着陸場を完成させました。

（長さ２００メートル、幅１１０メートル、面積６，６００坪）

大正15年（１９２６年）10月22日、酒井《さかい》憲次郎《けんじろう》飛行士が操縦する『北海一号』が着陸し、この着陸場の運営が開始されたのです。

千歳着陸場は、そのあと拡張され、隣接地に新滑走路が建設されました。この新滑走路部分が現在の新千歳空港です。（黒字空港）

（八）青森

青森県のリンゴは、明治20年代にはすでに全国で広く認知されており、同36年の第5回内国勧業《かんぎょう》博覧会（大阪）においては、特にその名声を高めたといわれています。

青森県のリンゴは、大正期に入ると、その生産量を安定させましたが、豊作の年には、その売価が下落するという問題も抱えるようになりました。

この問題を解決するために設立されたのが津軽林檎《つがるりんご》同業組合です。この組合は、主要都市でリンゴの販路を拡大（新規開拓）し、その売価下落に歯止めをかけたのです。

（二）秋田

大正14年（1925年）6月22日、秋田市では、乗合《のりあい》自動車（バス）が開通しました。次に、この乗合自動車の概要を記します。

［定員］８名から10名程度

［腰掛］畳敷《たたみじき》（窮屈《きゅうくつ》であったようです）

［運賃］①　開業時は、暫定的に10銭

②　路線の拡充に伴い、整備が進む

秋田～牛島《うしじま》間（10銭）

秋田～新屋《あらや》間（20銭）

秋田～土崎《つちざき》間（25銭）

［停留所］不定（旅客《りょかく》が乗降する場所すべて）

（ホ）岩手

東北地方は幕末、佐幕《さばく》派（反新政府派）に属しましたので、明治期に入ると、新政府から冷遇されることがありました。このような状況は長らく続きましたが、大正期に、原　敬《はらたかし》（岩手県出身）が総理大臣に就《つ》くことにより、ひとまず終息《しゅうそく》しました。

原総理は、政党政治（議会政治）の発展に寄与しましたが、過激思想の持ち主により東京駅で暗殺されてしまいました。原総理の遺体は、大正10年（１９２１年）11月11日、故郷・岩手県にある大慈寺《だいじじ》に埋葬されました。享年《きょうねん》65歳。

（ヘ）山形

　山形県は、日本一の桜桃《おうとう》（サクランボ）生産高を誇《ほこ》ります。日本の桜桃の７割強が山形県産なのです。同県では多数の種類の桜桃が栽培されていますが、『佐藤錦《にしき》』という品種がもっとも有名かも知れません。

　この品種は、大正元年（１９１２年）から同11年にかけ、同県東根《ひがしね》町の佐藤栄助《えいすけ》氏により開発された特産品です。日本の桜桃栽培は明治期に始まりましたが、大正期に開発された『佐藤錦』の登場により、飛躍的な発展をとげました。

【佐藤錦の特長】①甘い ②傷みにくい

（ト）宮城

大正7年（1918年）に富山県魚津《うおつ》町で発生した米騒動は、全国の主要都市に広がりました。東北最大の都市である仙台も、それらの一つです。

仙台では米の確保に困った人々が大型米穀店を襲撃し、約80軒が被害を受けました。

この騒動の原因は、投機筋（大商人、財閥など）が不当に米価をつり上げたことによります。

［5月の米価］一升（1・8リットル）20銭代

［8月の米価］一升（1・8リットル）40銭代

米騒動は、県下第2の都市・石巻《いしのまき》でも発生しました。

（チ）福島

大正期には、民本《みんぽん》的（民主的）な思想が強まり、福島県内においても、多くの政治的な集会が開催されました。次に例を記します。

■反増税集会　大正8年（1919年）

福島駅の職員が、不当増税（県税・市税）に反対する集会を開催しました。

■吉野作造講演会　大正9年（1920年）

民本主義の提唱者といわれる吉野教授による講演会が、福島市にて開催されました。

大正期の福島県下では、女性運動も活発化しました。（婦人参政権が討論されました）

（リ）栃木

栃木県足尾《あしお》町（現・栃木県日光市足尾地区）には、江戸時代以前に発見された銅山があります。（この銅山は、昭和期に採掘を終了し、現在は、旧鉱区の一部を開放した観光地となっています）

足尾銅山は、江戸時代前半に最初の繁栄期を迎えますが、その後衰退《すいたい》し、明治時代の国有化・再民営化・公害問題などを乗り越え、大正初期にその絶頂期に達しました。（第1次世界大戦の特需の恩恵を受けたのです）

このころ足尾は、宇都宮《うつのみや》に次ぐ県下第2の人口（3万8千）を有しました。

（ヌ）群馬

　大正初期、いまだ大艦巨砲主義（巨大大砲を搭載《とうさい》した戦艦で国防を担《にな》おうとする考え）が唱《とな》えられていたころ、群馬県出身の海軍軍人・中島知久平《ちくへい》氏は、航空機が国防の要《かなめ》となる時代の到来を予感していました。

　この予感にもとづき、同氏が故郷の群馬県新田《にった》郡（現在の同県太田《おおた》市）に設立した航空機会社が、中島飛行機です。

　この会社は、大正6年（1917年）の設立以降、陸・海軍からの大量受注により、世界有数の航空機会社に成長しました。（富士重工業の前身に相当）

（ル）茨城

明治38年（１９０５年）、鉱山王の異名を取った久原房之助《くはらふさのすけ》氏（日本の実業家・政治家）が、茨城県の赤沢《あかざわ》銅山を買い取ります。同氏は、この銅山を日立鉱山に改称し、その開発を進めました。日立鉱山は、急速な発展を遂《と》げましたが、その発展に伴い多くの煙を出すようになりました。

大正３年（１９１４年）、この煙害《えんがい》対策として巨大煙突が建てられました。その高さは、約１５６メートルであり、当時、世界一の煙突《えんとつ》でした
（平成に入り、この大部分が倒壊してしまいました）。

(ヲ) 埼玉

　大正時代、埼玉県の秩父《ちちぶ》地方では、鉄道が拡充されました。明治後期に設立された上武《じょうぶ》鉄道が、大正５年（１９１６年）に秩父《ちちぶ》鉄道に社名変更し、同地方における路線強化を開始したのです。

　大正11年には、地方私鉄にはまだ珍しかった電化がおこなわれました。

■大正３年10月　長瀞《ながとろ》駅─秩父駅（開業）

■大正６年９月　秩父駅─影森《かげもり》駅（開業）

■大正10年４月　羽生《はにゅう》駅─行田《ぎょうだ》駅（開業）

■大正11年１月　熊谷《くまがや》駅─影森駅（電化）

■大正11年８月　行田駅─熊谷駅（開業）

（ワ）神奈川

明治40年（1907年）および同43年、多摩《たま》川が大洪水を引き起こしました。（人口堤防がない時代の多摩川は、暴れ川でした）

大正3年（1914年）、平穏な暮らしを求めた流域の住民が大挙して、神奈川県庁を訪れました。これらの住民は、アミガサを被《かぶ》り、築堤《ちくてい》の請願をおこなったのです（これをアミガサ事件と呼びます）。

そして、このあとに神奈川県知事に就任した有吉忠一《ありよしちゅういち》（前宮崎県知事）が、築堤の決定をおこないました。（知事の英断《えいだん》で、堤防は約1年で完成しました）

（カ）東京

明治以降、日本は鉄道の建設に力を注ぎました。東日本では私鉄（※日本鉄道）を中心とした敷設《ふせつ》が進み、西日本では国鉄を中心とした敷設が進みました。

このため、東京には、玄関口（中央駅）が二つ出現しました。青森に向かう私鉄の中央駅（上野）と神戸に向かう国鉄の中央駅（新橋）です。

大正３年（１９１４年）、両駅の間に新しい中央駅が開業しました。これが東京駅です。

※　明治期に国有化され、昭和期に再度民営化される。おおむねＪＲ東日本の前身に当たる。

(ヨ) 千葉

大半の府県庁所在都市は、明治期に『市《し》』になりましたが、いくつかの都市は、大正期および昭和期以降に『市制』を施行《せこう》しました。

大正期に市制を施行した府県庁所在都市

①札幌市（北海道庁本庁舎所在都市）②千葉市（千葉県庁所在都市）③宮崎市（宮崎県庁所在都市）④那覇《なは》市（沖縄県庁所在都市）

昭和期に市制を施行した府県庁所在都市

①豊原《とよはら》市（樺太《からふと》庁本庁舎所在都市）②浦和市（埼玉県庁所在都市—さいたま市の前身の一つ）③山口市（山口県庁所在都市）

（タ）新潟

明治期の新潟県では、舞台演劇などの様子を撮影した映画が上映されたことがあります。ただし、その人気は、当時、あまり高くありませんでした。

新潟県内で本格的な映画が上映されるようになったのは大正2年（1913年）以降です。（新潟市内の大竹座《だいちくざ》での公開以降です）

大正期の映画は、活動写真と呼ばれ、無声作品でした。このため活動写真館（映画館）では、活動弁士《べんし》というナレーターが、映画の進行にあわせて、口頭による解説（ナレーション）を加えました。

（レ）石川

石川県の県庁所在地である金沢市は、江戸時代以前にその原型が作られた歴史の古い街です。

金沢市は、明治以降も発展を続け、大正中期には、近現代的な街作りを推《お》し進めました。大正８年（１９１９年）の市電開通時には、それにあわせた街路拡張がおこなわれ、市街の様子が一変しました。（香林坊《こうりんぼう》等の繁華街は、百貨店および活動写真館への来場客で賑《にぎ》わいました）

しかし、大正中期以降の全国的な世情《せじょう》不安は金沢市でも募《つの》り、市内では米騒動および労働争議が発生しました。

（ソ）富山

大正7年（1918年）7月23日、富山県魚津《うおづ》町（現・魚津市）において、日本全国を震撼《しんかん》させた米騒動の発端《ほったん》となる事件が発生しました。

この日、米価暴騰《ぼうとう》に悩《なや》む魚津町の漁民の妻たちが、米の県外移出に反対し、同地に寄港《きこう》した輸送船への米運搬を阻止《そし》したのです。（彼女達の夫は、北海地方「北海道および樺太」に出漁中でした）

同様の騒動は、次第に富山県下に広まり、全国紙はこれを『越中女一揆《えっちゅうおんないっき》』と報じました。この報道により、米騒動は、全国に飛び火したのです。

（ツ）長野

大正15年（1926年）、長野県では、警察署の廃止に反対する県民が県政の中枢《ちゅうすう》部を襲いました。これを『警廃《けいはい》事件』といいます。

【背景】梅谷光貞《うめたにみつさだ》知事が、内務省から警察機構の整理を指示される。これにより、知事は、岩村田《いわむらた》署、屋代《やしろ》署および中野《なかの》署の3署ならびに14分署を廃止する決定を下した。

【真相】知事の決定に怒った県民は、抗議するも聞き入れられず、知事と警察部長の官舎を襲った。県会議事堂も占拠された。

【結果】①知事らの退任　②3署復活

(ネ) 山梨

山梨県では、明治40年（1907年）および同43年に大水害が発生し、3千名以上の方々が県外への移住を余儀なくされました。

これらの方々が移住先として選んだ場所は、故郷と似た風景を持つ北海道虻田《あぶだ》郡です。（同郡には、羊蹄《ようてい》山「異名：蝦夷《えぞ》富士」が在ります）

彼らは明治41年、同42年および同44年の3回にわたり虻田へ移住しましたが、大正元年（1912年）に、霜害《そうがい》に伴う大飢饉《だいききん》に見舞われました。このため同年、山梨県では、北海道移住者救済の募金がおこなわれました。

（ナ）福井

大正中期、露領シベリア（広義的に現在のロシア連邦のアジア部分）には、政治的な理由により祖国を追われたポーランド人が多数いました。

大正９年（１９２０年）から同11年にかけては、合計七百数十名のポーランド人孤児が、日本赤十字社の仲介により日本に避難しました。これらの孤児は、敦賀《つるが》港を通して日本に入国し、敦賀町民から食料などの差し入れを受けたのち、東京および大阪の宿泊所に向かいました。

（子供たちは、最終的に米国などを通って帰国しました）

(ラ) 岐阜

カイコのマユから生糸《きいと》を作る製糸《せいし》は、明治時代から大正初期（第1次世界大戦の前後）まで日本の基幹産業でした。岐阜県明智町《あけち》（現恵那《えな》市明智町）もこのころ、その製糸業の全盛期を迎《むか》え、大いに活気がありました。

岐阜県における製糸戸数の推移（大正期）

■元年～3年　9千7百～9千9百戸《ひゃっこ》
■4年～6年　1万強～9千6百戸
■7年～9年　9千強～8千3百戸
■10年～12年　8千6百～6千8百戸
■13年～15年　7千2百～3千9百戸

(ム) 静岡

大正3年（1914年）、第1次世界大戦が勃発《ぼっぱつ》すると、イギリスとドイツは互《たが》いに敵対国となり、日英同盟を結んでいた当時の日本は、この同盟を理由にドイツに対し宣戦を布告します。

この結果、日独も互いに敵対国家となり、日独貿易も途絶えました。

ドイツから日本への輸出が止まった製品には楽器が含まれ、当時、ドイツ製楽器が品薄となった日本では国産楽器の需要が高まりました。

ヤマハの蝶印《ちょうじるし》ハーモニカ（浜松産）は、この機に乗じ大いに売れた楽器の代表例です。

（ウ）愛知

大正9年（1920年）、女性の社会的地位向上を目的とした新婦人協会が結成されます。この協会は、市川房枝《ふさえ》、平塚雷鳥《らいちょう》、奥梅尾《おくむめお》により率いられ、女性の地位向上を目指すも、男女の協力により、より良い社会を創造することを理念としていました。

この協会は、設立後約3年で解散しましたが、日本史にその名を残しました。

新婦人協会が設立される前（大正7年）、市川房枝は、名古屋新聞の記者として、紙面を介し女性運動を盛り立てていました。

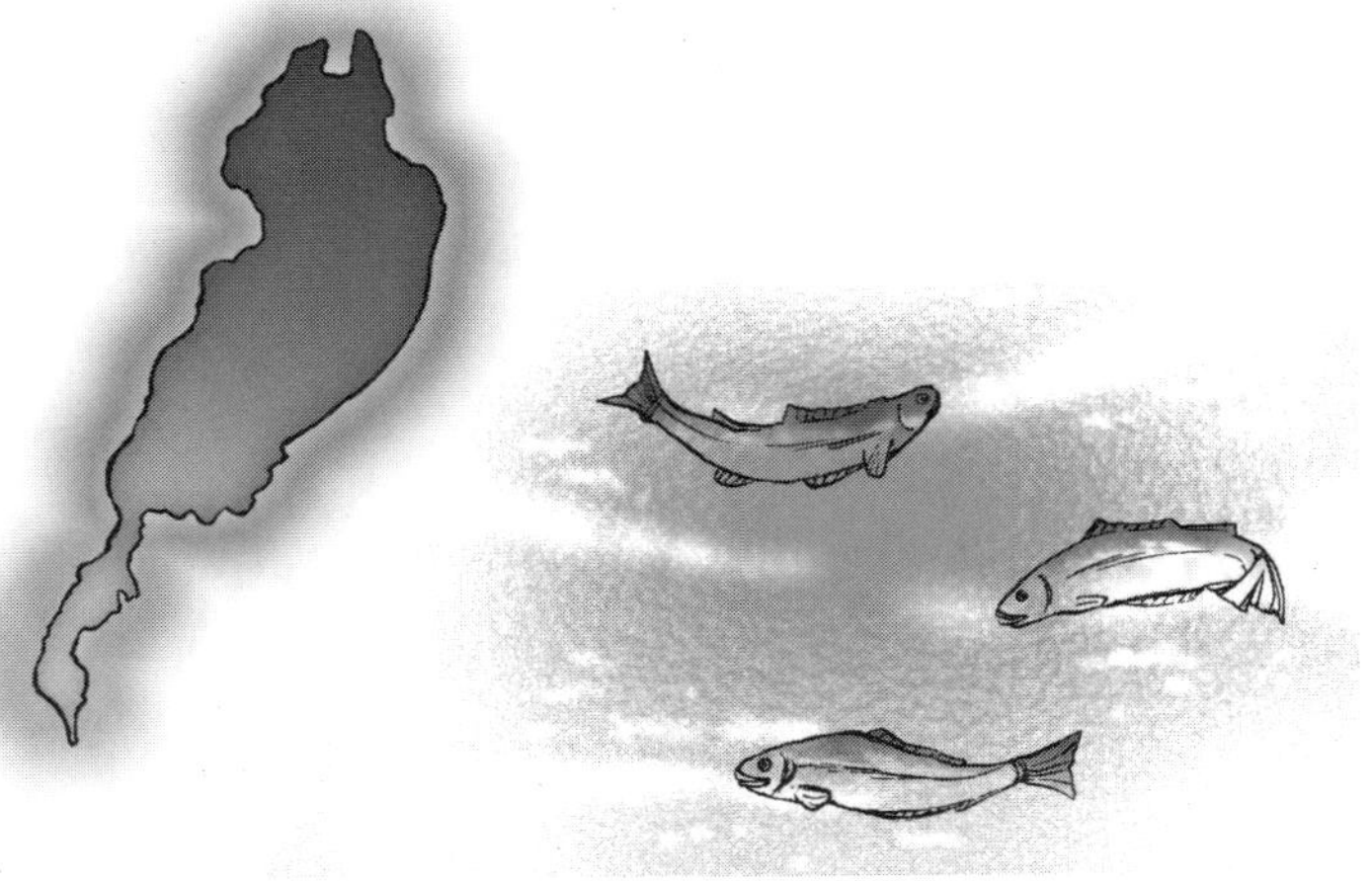

（卄）滋賀

琵琶《びわ》湖には、一生を湖内で過ごすコアユ（小鮎）と呼ばれる魚が生息しています。コアユはワカサギよりも小さく、佃煮《つくだに》などに適しています。（体長は10センチ以下です）

石川千代松《ちよまつ》・東大教授は、明治末期から大正末期にかけて、琵琶湖のコアユを研究し、この魚が大型化しない理由として、湖内にアユの好む餌《えさ》が少ないことをあげました。（石川教授はコアユを多摩川に放流し、この魚も河川においては普通のアユと同様に大型化することを実証した人物です）

（ノ）兵庫

大正2年（1913年）、宝塚歌劇団の前身である宝塚唱歌《しょうか》隊が結成されました（同唱歌隊は、改組・改名を繰り返しながら、昭和初期に宝塚歌劇団へ改称されました）。

この唱歌隊を設立した人物は、阪急財閥の創始者である小林一三《いちぞう》氏です。同氏は阪急電鉄沿線に、大劇場（宝塚）、大食堂（梅田）および住宅地（沿線一帯）を作り、阪神間の経済的・文化的地位を大いに向上させました。

※　大正期に阪神間で興《おこ》った近代的・現代的な社会形態を『阪神間モダニズム』と呼びます。

（オ）京都

大正４年（１９１５年）11月10日、京都において、大正天皇の即位式がおこなわれました。

大正天皇はこの式上、自分が新帝であることを公《おおやけ》に宣言し、皇統譜《こうとうふ》（皇室家系図）における第１２３代の天皇に即位したのです。

東京が、日本の首都になったのは明治期です。それまでは千年以上、京都が日本の都《みやこ》でした。

（近代以降も、明治天皇、大正天皇および昭和天皇の即位式は、すべて京都御所でおこなわれました。今上《きんじょう》天皇「現在の天皇」は、東京で即位式をおこなった初の天皇です）

(ク) 三重

三重県の四日市《よっかいち》港は江戸時代に、江戸と上方（主に京都および大坂《おおざか》）の中間地点として大いに栄えました。

この港は明治期には、10年以上の歳月をかけて修築され、大正期には、綿花《めんか》・羊毛《ようもう》の輸入港として有名になりました。

ところが、大正5年（1916年）、四日市港に輸入された綿花にペストを保有したネズミが隠れており、63名がペストに感染しました。これを重く見た市、県および内務省は、ネズミの駆除《くじょ》をおこない、この騒動は終息《しゅうそく》しました。

（56名が亡くなりました）

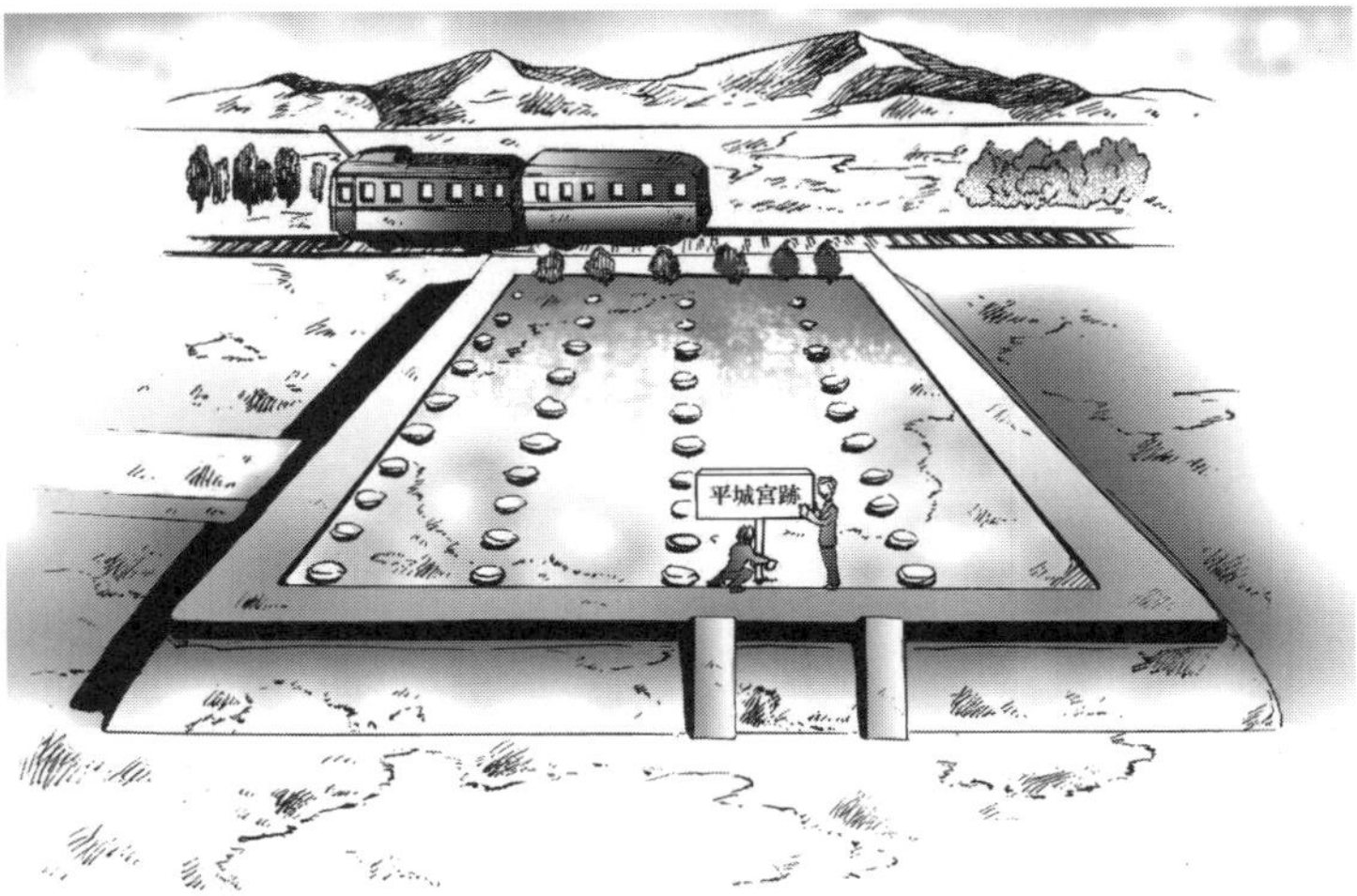

（ヤ）奈良

8世紀には数十年間、現在の奈良市近辺に平城京《へいじょうきょう》と呼ばれる都が存在しました。しかし平城京は、同世紀終盤の京都遷都《せんと》以降、次第に忘れられ、江戸時代には、その場所さえも分からなくなってしまいました。

平城跡地の発見・保存に努められた方々

■北浦定政《きたうらさだまさ》（江戸末期）　平城の場所を推定

■関野貞《せきのただす》（明治後期）　平城の場所を特定

■棚田嘉十郎《たなだかじゅうろう》　平城の保存に尽力

（大正11年［1922年］、棚田の努力が実を結び、平城跡地が国指定の文化財になりました）

(マ) 大阪

大正4年（1915年）、大阪の中心部と大阪の島と呼ばれていた現在の大正区に相当する地域が橋で結ばれました。この橋は、大正期に架《か》けられたため、大正橋《たいしょうばし》と命名《めいめい》され、昭和期に成立した大正区の名前の由来《ゆらい》ともなっています。

大正橋は、その上に市電（路面電車）も通され、大正初期としては大変先進的な建造物でした。なおこの橋は、昭和44年（1969年）から同52年にかけての移設・架け替え・拡幅《かくふく》により、その姿を変貌《へんぼう》させています。

（大正区　昭和7年成立）

(ケ) 和歌山

大正7年（1918年）に富山県魚津《うおづ》町で発生した米騒動は、全国の主要都市に広がりました。これに対し、時の内閣総理大臣・寺内正毅《まさたけ》は、外米輸入および白米廉売《れんばい》などの手段を執《と》りました。

（廉売とは、安売りを意味します）

同年8月、和歌山市も寺内内閣の方針に沿《そ》い、市営の白米廉売所を四つ開設しました。

（翌月：寺内首相米騒動の引責辞任）

和歌山市内における白米廉売所の様子

■白米の廉売は切符と引き換えにおこなわれた。

■廉売米は、一升《いっしょう》あたり25銭に設定された。

(フ) 鳥取

千代《せんだい》川は、鳥取平野を流れる代表的な川の一つです。

この川は、平成となった現在では川魚に恵まれた川として有名ですが、大正年間は、暴れ川として有名でした。とりわけ、大正7年の被害は甚大《じんだい》であったようです。

①　大正元年（１９１２年）　大洪水

②　大正７年（１９１８年）　鳥取平野水没

③　大正12年（１９２３年）　大洪水

千代川流域では、右記のような水害を防止するため、大正15年から昭和5年にかけて、大規模な堤防強化工事が実施されました。

（コ）岡山

株式会社中国銀行は、岡山県周辺を基盤とした地方銀行です。この銀行の前身の一つは、第一合同銀行です。

日本経済は、大正前期、第1次世界大戦による特需景気に沸《わ》きましたが、同中期には、戦後の反動不況に苦しみました。

岡山県では数行が、生き残りを賭《か》け合併をおこないました。これにより誕生したのが、第一合同銀行です。この銀行は、のちに県北の妹尾《せのお》銀行も吸収しました。

大正期に建てられた妹尾銀行の旧津山《つやま》東支店は、岡山県津山市の重要文化財です。

（エ）島根

島根県の県庁所在地である松江市は大橋《おおはし》川により、北部地区（橋北《きょうほく》地区）および南部地区（橋南《きょうなん》地区）に分かれています。

松江では、両地区を結ぶ橋として、江戸初期に松江大橋が架《か》けられましたが、この橋が長らく両地区を結ぶ唯一の橋でした。

両地区を結ぶ二本目の橋（松江新大橋）が架かったのは、松江大橋誕生から300年以上も後の大正時代でした。左記は、初代・新大橋の概要です。

【開通時期】大正3年（1914年）

【総工費】12，500円

【材質】木製

(テ) 広島

広島県呉《くれ》市は、日本有数の港湾都市です。

戦前における呉市と船舶との関わり

① 日本海軍の拠点が存在

② 軍艦の製造工場が存在

戦後における呉市と船舶との関わり

① 海上自衛隊・海上保安庁の拠点が存在

② 民間船舶の製造工場が存在

右記のように、戦前における呉港は軍事要塞《ようさい》であり、大正９年（１９２０年）には、『長門《ながと》』という大型戦艦を建造しています。

※ 戦艦大和《やまと》が建造されたのも、呉港です。

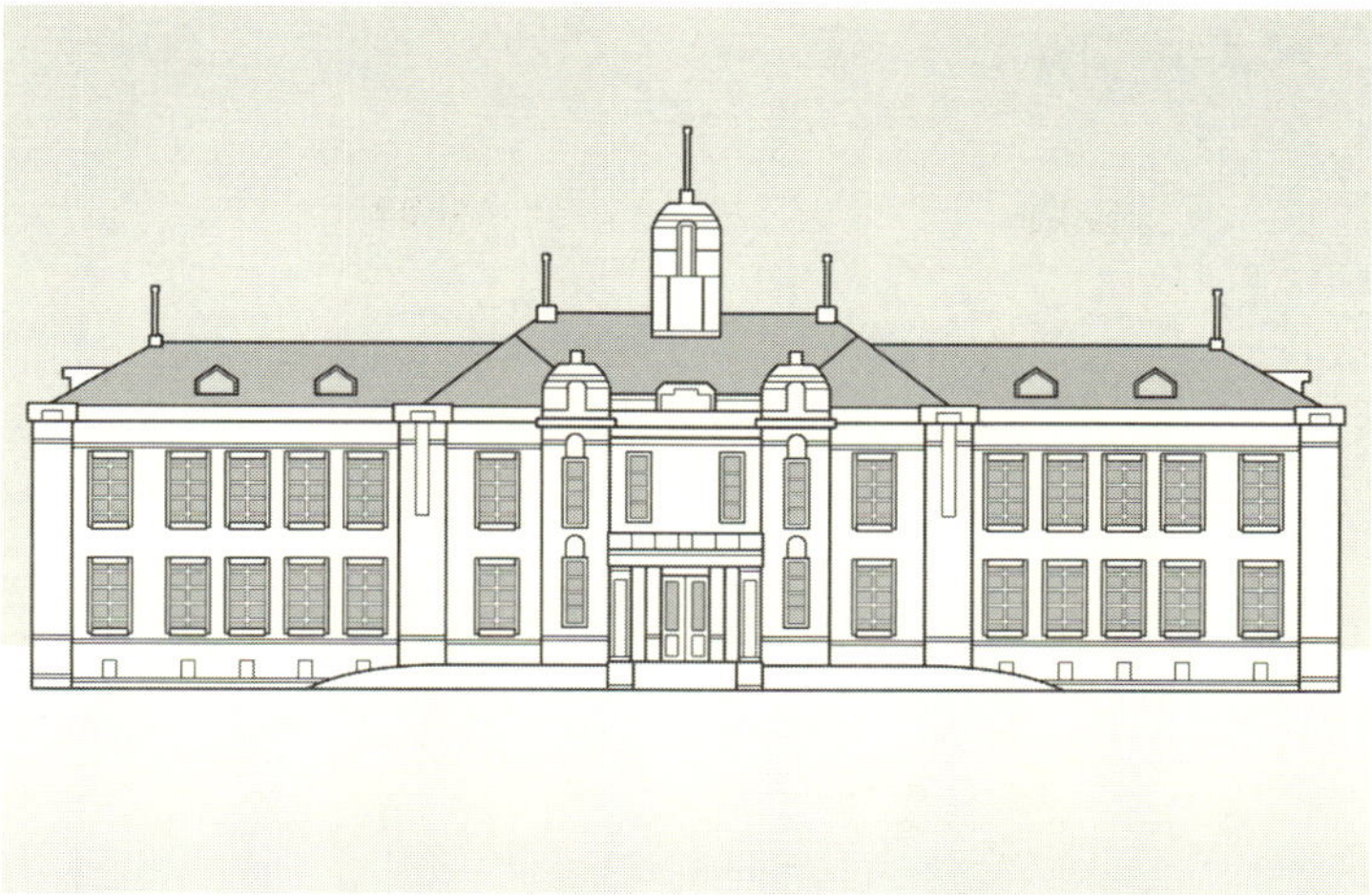

(ア) 山口

　山口県の県庁舎敷地内には、レンガ造りの山口県旧県会議事堂が現存しています。

　この建築物は大正２年（１９１３年）末に起工され、同５年中ごろに完成しました。

　大正時代は帝国議会（国会）でさえも木造の仮庁舎で開催されていましたので、山口県会（山口県議会）は大変先進的な建物で開催されていたことになります。

　なお、山口県の旧県会議事堂は昭和59年（１９８４年）に国の重要文化財に指定されましたが、現在も議会資料館として一般市民に公開されています。

（サ）香川

大正期の日本には、小作人《こさくにん》と呼ばれる土地を持たない農民が多く存在し、彼らの大半は地主から課せられる小作料（農地使用料）の捻出《ねんしゅつ》に苦しんでいました。

しかし大正中期になると、小作人の多くも高い小作料の不当性に気づきはじめ、全国各地で抗議運動（小作争議）を展開しはじめます。

高松市近郊でも、大正12年（1923年）に、伏石《ふせいし》事件と呼ばれる争議が発生し、その様子は全国に報道されました。

（伏石、強戸《ごうと》［群馬］および木崎《きざき》［新潟］の争議は、『日本3大小作争議』です）

（キ）徳島

日本における上水道の整備は、明治時代中期から大正時代にかけて本格化しました。徳島県徳島市も、大正期に上水道が整備された都市の中の一つです。

徳島市では、明治42年（1909年）に、上水道の整備計画が発表され、17年後の大正15年（1926年）に、その供給が開始されました。そのときに新築された佐古《さこ》浄水場（現佐古配水場）では、同年10月に通水式がおこなわれました。

なお、佐古配水場の旧ポンプ場（西洋風建物）は、国の登録有形文化財に指定されています。

（ユ）愛媛

大正3年（1914年）に第1次世界大戦が勃発《ぼっぱつ》すると、イギリスとドイツは互《たが》いに敵対国となります。

当時の日本はイギリスと同盟関係にありましたので、これを理由にドイツ帝国に宣戦を布告します。

日本は短期間の内に太平洋の南洋《なんよう》群島（ドイツ領）および中国の青島《チンタオ》（ドイツの要塞《ようさい》）を占領し、多数のドイツ兵を捕虜にします。このとき515名のドイツ兵が松山に収容されました。

（松山は日清・日露の両戦争においても、市公会堂ならびに寺院を捕虜収容施設として提供しました）

(メ) 高知

高知県では、天保《てんぽう》8年（1837年）に、板垣退助《いたがきたいすけ》という人物が生まれました。（坂本龍馬が生まれたのは天保6年ですので、二人は、ほぼ同い年です）

板垣は明治期の自由民権運動（国会開設運動）の指導者であり、明治23年（1890年）の国会開設後には、内務大臣を3回務《つと》めました。野心《やしん》のない板垣は、明治33年に早々と政界を去《さ》り、大正8年（1919年）に亡くなりました。

（大正12年には、高知市に板垣退助の銅像が建てられました。板垣は百円札の肖像《しょうぞう》にもなりました）

（ミ）福岡

大正９年（１９２０年）２月、過酷《かこく》な労働環境に耐えかねた官営八幡製鐵所《かんえいやわたせいてつしょ》の職員が、大規模な労働争議を起こしました。

① 職員代表が製鐵所長官に待遇改善を要求

② 八幡製鐵所長官（白仁武《しらにたけし》）が要求を拒否

③ １万数千名の職員がストライキに突入

【新聞報道】五百の煙突煙を吐《は》かず（朝日）

【結果】この大ストライキは約１月後に終息《しゅうそく》し、職員の要求も幾分受け入れられました。

※ 大正期の八幡製鐵所は官営（国営）であり、その所長は（製鐵所）長官と呼ばれました。

（シ）佐賀

佐賀市歴史民俗館（所在地　同市柳町《やなぎまち》）は、大正期に県下最大の銀行であった古賀《こが》銀行の本店として建てられました。

古賀銀行は、明治18年（１８８５年）に設立され、同39年に右記民俗館の位置に本店を新築しました。

この本店は、大正５年（１９１６年）に改築され、現在の民俗館の原型になったのです。

（同銀行は、第１次世界大戦後の反動不況により昭和初期に解散しましたが、本店建物は改築・利用され続け、平成期に入り、佐賀市がその大正初期の様相に復元しました）

(エ) 大分

明治後期から昭和前期にかけての大分県は、全国でも有数の金産出地でした。大正期に特に有名であった金山を次に記します。

馬上《ばじょう》金山

［閉山］　昭和24年（1949年）

［位置］　速見《はやみ》郡山香《やまが》地区（現・杵築《きつき》市山香町）

［最盛期］　大正前期（同3年から同8年ごろ）

※　大正初期、日本一の金山といわれました。

鯛生金山

［閉山］　昭和47年（1972年）

［位置］　日田《ひた》郡中津江《なかつえ》村（現・日田市中津江村）

［最盛期］　昭和前期（同8年から同13年ごろ）

※　昭和初期、東洋一の金山といわれました。

（ヒ）長崎

大正時代前半、官営八幡製鐵所（福岡県）は、全力稼働の状態にあり、大量の石炭を消費しました。

（欧州における大戦が日本に造船特需をもたらし、八幡は大量の船舶向け鋼材を生産したのです）

　長崎半島の数キロ沖合に浮かぶ端島《はしま》（通称軍艦島《ぐんかんじま》）も、八幡に燃料を供給した採炭基地の一つでした。端島は周囲１・２キロの小島でしたが、採炭業の繁栄により人口が急増しました。

　大正５年（１９１６年）に島内に建設された30号アパートは、日本初の鉄筋高層住宅です。

(モ) 熊本

大正年間は、熊本市が九州を代表する大都市に成長を遂《と》げた時期です。

大正10年（1921年）、熊本市は近隣の11町村を合併し、人口13万人を擁する九州第2の都市となりました。

（ちなみに、当時、九州最大の都市及び第3位の都市は、それぞれ長崎市および福岡市でした）

なおこの大合併以前の熊本市とそれ以後の熊本市を区別し、前者を旧熊本市、後者を大熊本市と呼ぶ場合があります。また、緑豊かな熊本市は、その愛称で森の都とも呼ばれます。

（セ）宮崎

明治初期、日本は開国による混乱状態にあり、府県の統廃合をたびたびおこないました。宮崎県もこの統廃合の対象となり、同県は明治9年（1876年）に鹿児島県に吸収合併されてしまいました。

鹿児島県の宮崎地区は、明治16年に鹿児島県より分離され、再度、県として独立しましたが、さまざまな面で脆弱《ぜいじゃく》でした。

この脆弱性の補完をおこなったのが、明治末期から大正初期にかけて同県の知事を務めた有吉忠一《ありよしちゅういち》です。

（功績：鉄道網整備、港湾改修、開田、県民意識の啓発《けいはつ》）

（ス）鹿児島

大正３年（１９１４年）1月12日朝10時、桜島《さくらじま》が大噴火を起こしました。これにより、大量の溶岩が流出し、それまでは完全な島であった桜島は、鹿児島県本土の大隅《おおすみ》半島と陸続きになりました。この大正噴火による被害状況を次に列記します。

① 亡くなられた方々　35名
② 行方不明者　23名
③ 負傷者　１１２名
④ 退島を余儀なくされた方　１万６千名
⑤ 全焼家屋　２，１４８戸

※ 桜島は、巨大大根《だいこん》（桜島大根）の産地です。

（ソ）沖縄

明治22年（1889年）、日本では地方自治制度に大きな変化がありました。

この年、本州・九州・四国では市制が導入され、人口の多い地区が『市』と呼ばれるようになったのです。例えば、横浜地区は横浜市と呼ばれるようになりました。

沖縄・北海道・樺太《からふと》では、中央政府の統制が強かったため、市制の施行《せこう》が遅れました。

人口の多い那覇《なは》地区が、那覇市になったのは、大正10年（1921年）です。

（札幌の市制は翌年、豊原《とよはら》の市制は昭和期でした）

『略年表』廃藩置県～道州制

明治４年（1871年）７月　廃藩置県（藩を廃して、県を置く。）⇒３府302県設置
明治４年（1871年） 11月　３府72県に統廃合
明治４年―明治21年　府県の統廃合が継続
明治21年（1888年）　３府43県への統廃合が完了（北海道庁を含め１庁３府43県）
明治38年（1905年）　樺太（南樺太）が日本に復帰
明治40年（1907年）　樺太庁設置（樺太庁を含め、２庁３府43県となる）
平成期―市町村合併（平成の大合併）が進む。都道府県の合併（道州制）の本格的な検討が始まる。

メモ①

大正12年（1923年）　郡制廃止⇒府県および町村の中間的な存在（地方自治体）が廃止。

メモ②

平成21年（2009年）以降　北海道に存在する支庁が、組織変更される予定。
〈例〉釧路支庁⇒釧路総合振興局となる予定。
根室支庁⇒根室振興局となる予定。

本章の題名『各庁府県における大正時代の出来事』に関する注意書き

“各都道府県”という表現は、都・道・府・県が法律的に並列の関係（同格）であるため、問題のない言い回しである。一方、“各庁府県”という表現は、北海道庁、樺太庁および府県が法律的には並列の関係（同格）ではないため、厳密にいえば正しい言い回しではない。ただし下記事項を考慮すると、樺太庁が事実上48番目の県であったという考え方も当然成り立つ。本書では、大正時代の北海道庁、樺太庁および府県が事実上、日本国を構成する48の県であったという考え方の下、“各庁府県”という表現を使用する。

① 大正時代、北海道庁は府県に準ずる組織（準県のような組織）とみなされていた。
② 昭和22年（1947年）、北海道庁は北海道に移行し、事実上47番目の県となった。
③ 北海道庁および樺太庁は、北海道と樺太が類似地域であったため、類似組織であった。

3章　大正時代における日本の統治範囲

予備知識　領土（内地／外地）〜外地（領土／非領土）

■大正時代における日本の統治範囲は、内地のみならず、外地にまで及んだ。

内地	⇒	日本本土	⇒	古くから日本に属した地域
外地	⇒	日本が支配する海外地域	⇒	新しく日本に属した地域

- 大正期は、おおむね、『江戸時代までに日本に属した地域』が『古くから日本に属した地域』であると考えられ、これが『内地＝日本本土』とされた。
- 大正期は、おおむね『明治期以降に日本に属した地域』が『新しく日本に属した地域』であると考えられ、これが『外地＝日本が支配する海外地域』とされた。

※　大日本帝国憲法発布以前よりの日本領が内地に相当し、発布後に獲得（租借）した土地が外地に相当する。

■大正時代における外地（日本が支配する海外地域）には、日本の領土であるものと、そうでないものがあった。

領土である外地	新しく日本に属し、日本が完全なる統治権を保有している土地
領土ではない外地	新しく日本に属したが、日本が完全なる統治権を保有していない土地

- 大正期には、永久かつ無条件で、日本の支配が継続されると考えられた海外地域が存在した。これが、『領土である外地』に相当する。
- 大正期には、期限並びに条件付きで、日本の支配が容認されると考えられた海外地域が存在した。これが、『領土ではない外地』に相当する。

<table>
<tr><td rowspan="9">日本の統治範囲</td><td rowspan="4">領土</td><td>本州／九州／四国／北海道等①</td><td>古くより日本に属している土地</td><td>内地</td></tr>
<tr><td>台湾②</td><td>下関条約により、
（この条約上）永久に日本領となる。</td><td rowspan="7">外地</td></tr>
<tr><td>南樺太②</td><td>ポーツマス条約により、
（この条約上）永久に日本領となる。</td></tr>
<tr><td>朝鮮②</td><td>日韓併合条約により、
（この条約上）永久に日本領となる。</td></tr>
<tr><td rowspan="4">非領土</td><td>関東州③</td><td>ポーツマス条約により、
日本が租借権を獲得する。</td></tr>
<tr><td>膠州③</td><td>ヴェルサイユ条約により、
日本が租借権を獲得する。</td></tr>
<tr><td>南洋群島③</td><td>ヴェルサイユ条約により、
日本の委任統治領となる。</td></tr>
<tr><td>南満州鉄道附属地③</td><td>ポーツマス条約により、
日本が（事実上の）租借権を獲得する。</td></tr>
<tr><td colspan="2">北樺太④</td><td>日本軍出兵し、露領北樺太を軍事占領する。</td><td>占領地</td></tr>
</table>

※大正期の日本は、大日本帝国と呼ばれ、主に以下の四つの地域により構成されていた。

①内地（古くより日本に属している土地）②領土である外地（明治期以降に、日本に吸収合併された土地）

③領土ではない外地（期限並びに条件付きで日本の支配が容認された土地）④軍事占領（統治権のない支配）

▼膠州（こうしゅう）・租借（そしゃく）

（イ）大正期における大日本帝国全域

大正期における日本（大日本帝国）は、左記の地域により構成されました。

内地（日本本土）

本州　九州　四国　北海道　付随諸島

外地（日本が支配する海外地域）

①台湾　②南樺太《からふと》　③朝鮮　④関東州《かんとうしゅう》
⑤膠州《こうしゅう》　⑥南洋《なんよう》群島　⑦南満州鉄道付属地
⑧北樺太

※　①～③は、内地と共に日本の領土でした。④～⑧は、租借《そしゃく》地（外国からの借地）等であり、日本の領土ではありませんでした。

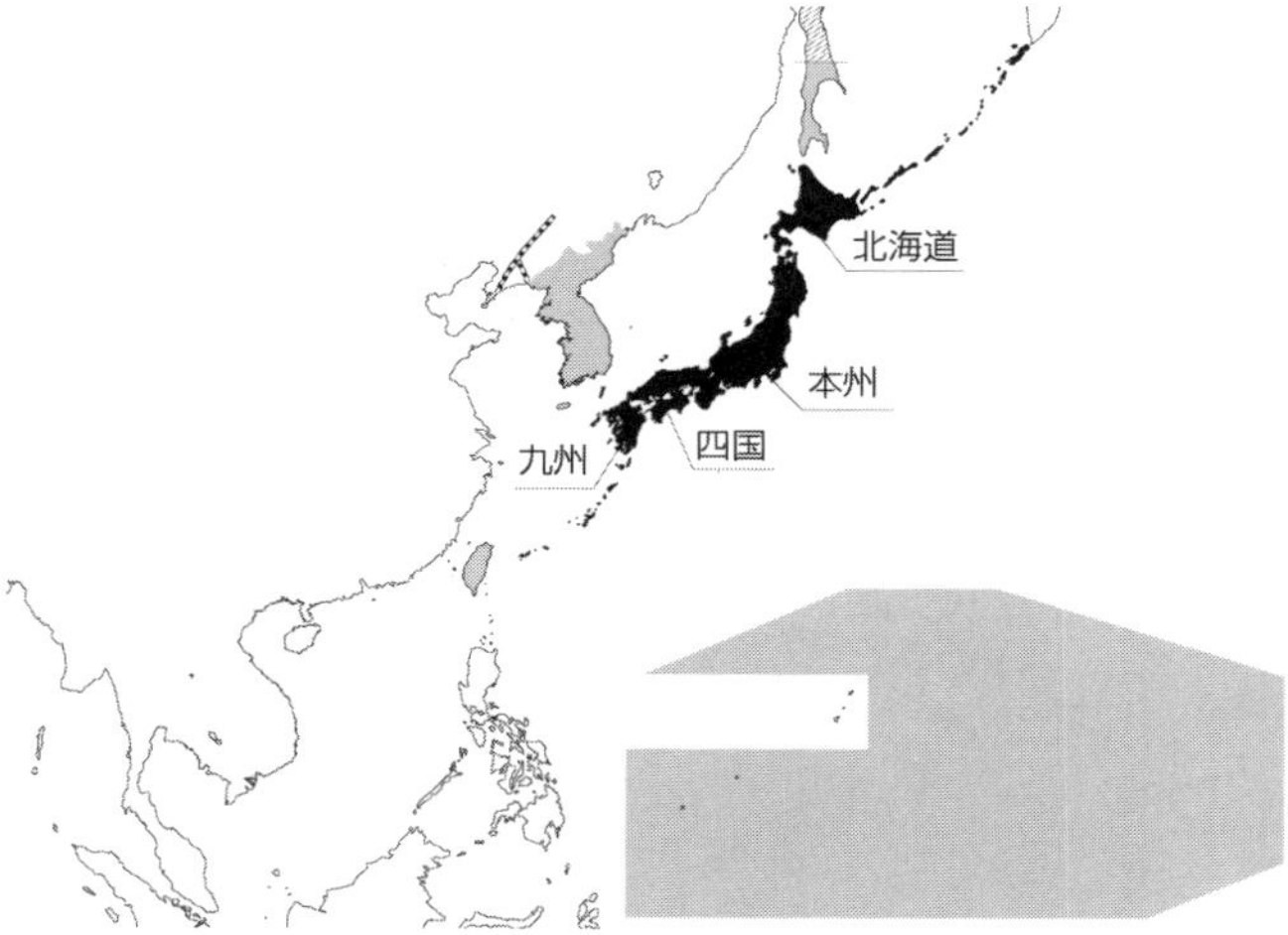

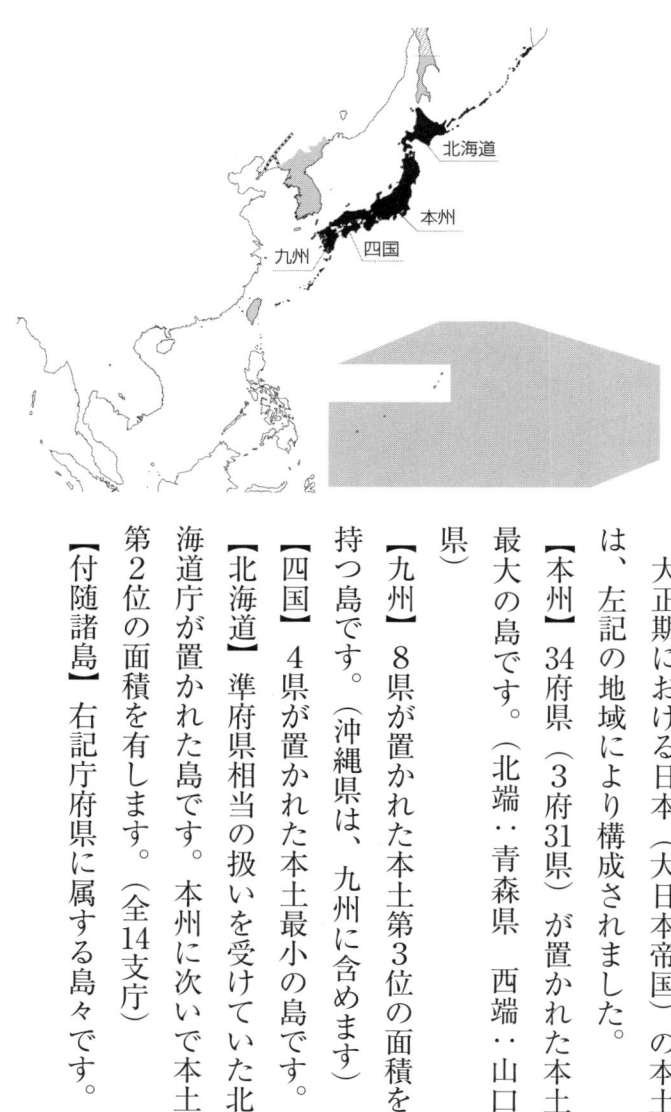

（ロ）大正期における大日本帝国本土

大正期における日本（大日本帝国）の本土は、左記の地域により構成されました。

【本州】34府県（3府31県）が置かれた本土最大の島です。（北端：青森県　西端：山口県）

【九州】8県が置かれた本土第3位の面積を持つ島です。（沖縄県は、九州に含めます）

【四国】4県が置かれた本土最小の島です。

【北海道】準府県相当の扱いを受けていた北海道庁が置かれた島です。本州に次いで本土第2位の面積を有します。（全14支庁）

【付随諸島】右記庁府県に属する島々です。

(八) 台湾

明治28年(1895年)4月17日、日本は、清国《しんこく》(中国)と下関《しものせき》条約(日清講和条約)を結び、この条約により、台湾の領有権を獲得しました。

(日本は、この条約で台湾を永久に領有することが定められました。これは台湾が日本領となったことを意味します)

大正期における日本の台湾統治の様子

■最高統治機関　台湾総督《そうとく》府(日本の官庁)

■最高責任者　台湾総督(日本人)

※　日本は、昭和27年(1952年)の平和条約発効により、台湾の領有権を放棄しました。

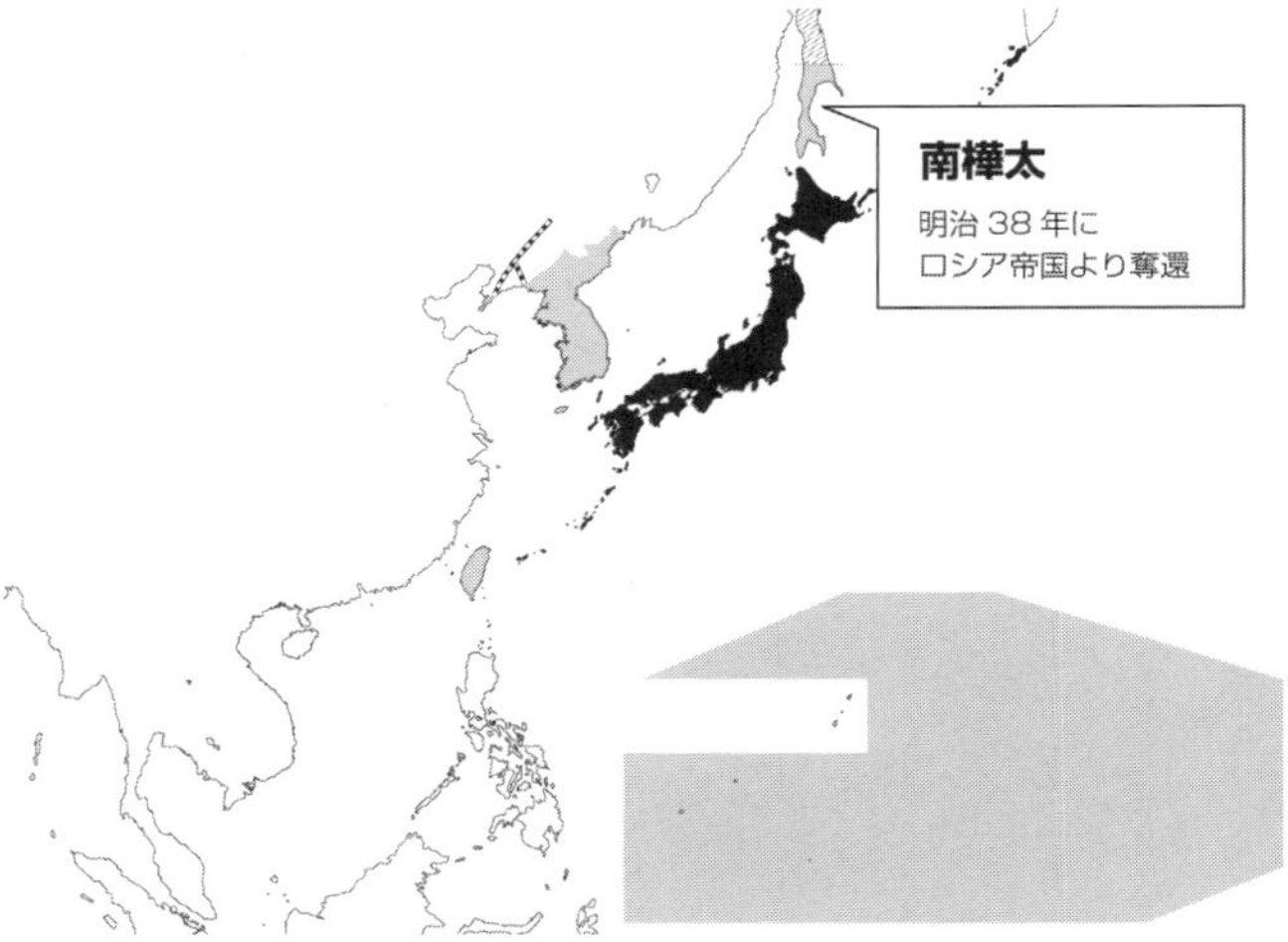

（二）南樺太

左記は樺太《からふと》史の概略です。（近世以降）

【江戸時代前期】日本がロシアに先んじて、樺太島の開拓を開始する（松前《まつまえ》藩の進出）。

【明治前期】ロシア帝国が、樺太島を事実上武力併合《へいごう》する（千島《ちしま》樺太交換条約）。

【明治後期】日本の日露戦争勝利により、南樺太（樺太島の北緯50度以南）が日本に返還される（ポーツマス条約［日露講和条約］）。

【昭和期】①南樺太が内地に編入される（希薄な外地性）―18年。②ソ連が南樺太を占領する（日ソ中立条約無視）―20年。

(ホ) 朝鮮

明治43年（1910年）8月22日、日本は大韓帝国（韓国）と日韓併合条約（通称）を結び、この条約により、朝鮮の領有権を獲得しました。

（日本は、この条約で朝鮮を永久に領有することが定められました。これは、朝鮮が日本領となったことを意味します）

大正期における日本の朝鮮統治の様子

■最高統治機関　朝鮮総督府（日本の官庁）

■最高責任者　　朝鮮総督（日本人）

※　日本は、昭和27年（1952年）の平和条約発効により、朝鮮の領有権を放棄しました。

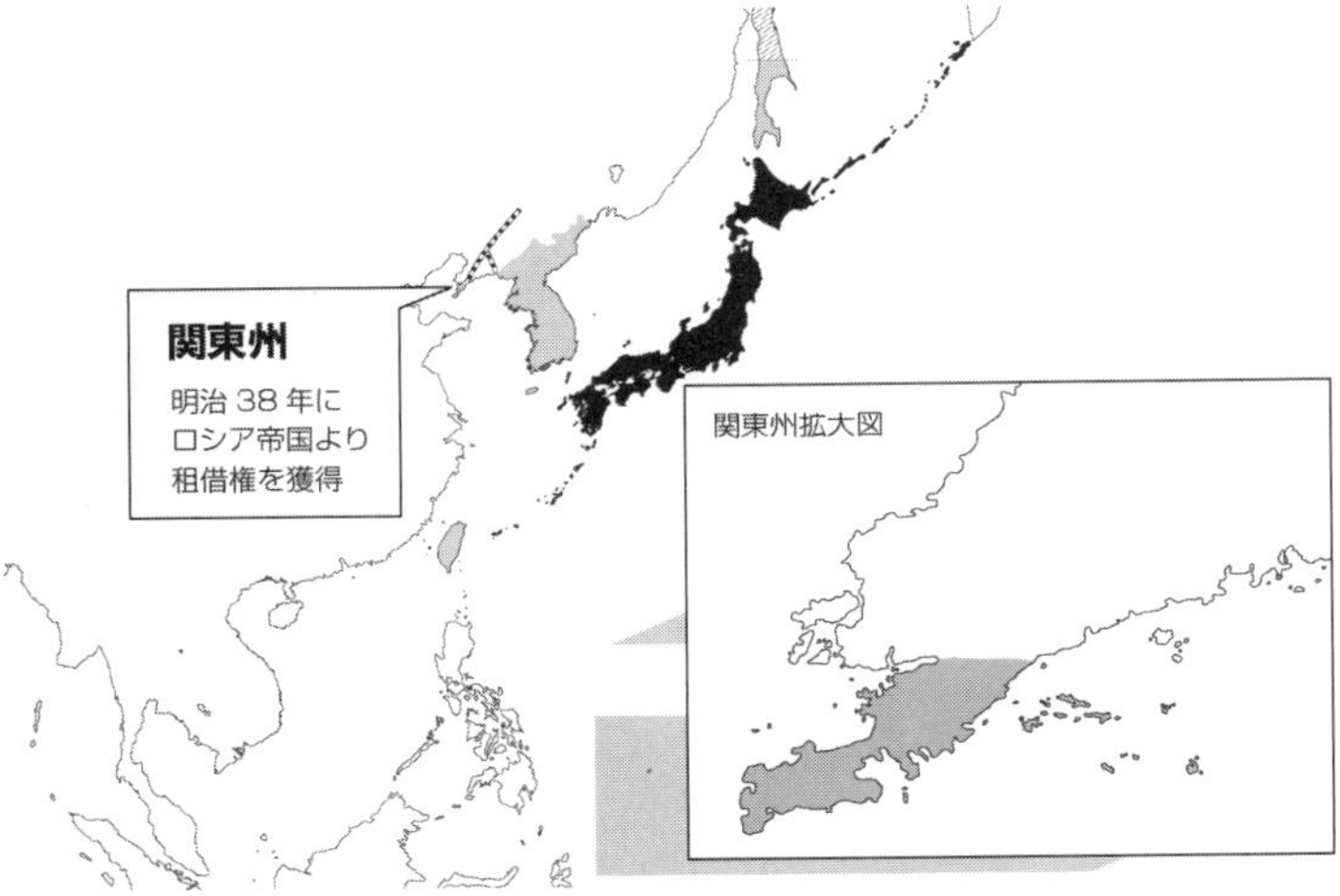
関東州
明治 38 年に
ロシア帝国より
租借権を獲得
関東州拡大図

（へ）関東州［租借地］

関東州《かんとうしゅう》（遼東《リャオトン》半島の先端部分）は、19世紀にロシアの租借《そしゃく》地となり、ポーツマス条約により日本の租借地となりました。

租借地は、期限付きの借地であり、貸与国《たいよ》にその潜在的な主権がありますが、租借期間中は借用国の植民地と同然です。

大正期、日本は旅順《りょじゅん》の関東都督府《ととくふ》を通し、関東州を支配しました（最高責任者：都督《ととく》）。なお同府は、大正中期に関東庁に改組されました。（同州は第2次世界大戦後、ソビエト連邦に占領・再租借され、数年後、中国に返還されました）

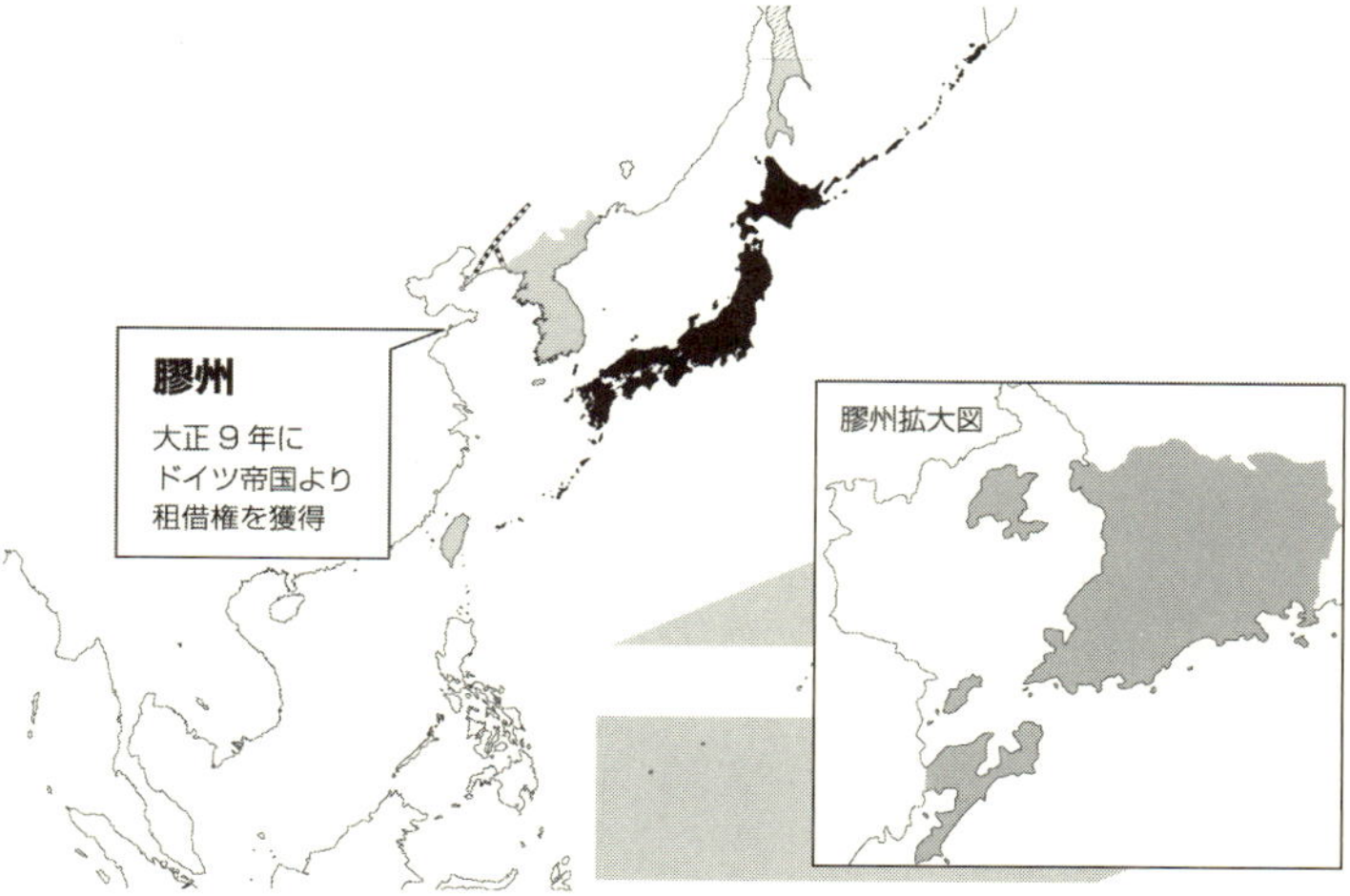
膠州
大正９年に
ドイツ帝国より
租借権を獲得
膠州拡大図

（ト）膠州［租借地］

膠州《こうしゅう》（山東《シャントン》半島の南海岸側）は、19世紀にドイツの租借地となり、ヴェルサイユ条約により、日本の租借地となりました。

膠州は大正９年（１９２０年）、正式に日本の租借地となりましたが、２年後の大正11年に中国に返還されました。

（大正11年に米国・ワシントンで開催された軍事会議［ワシントン会議］において、日本は米英に押し切られる形で、膠州の租借権放棄を決定したのです。なお、この会議の結果、長らく続いた日英同盟の破棄も決定されました）

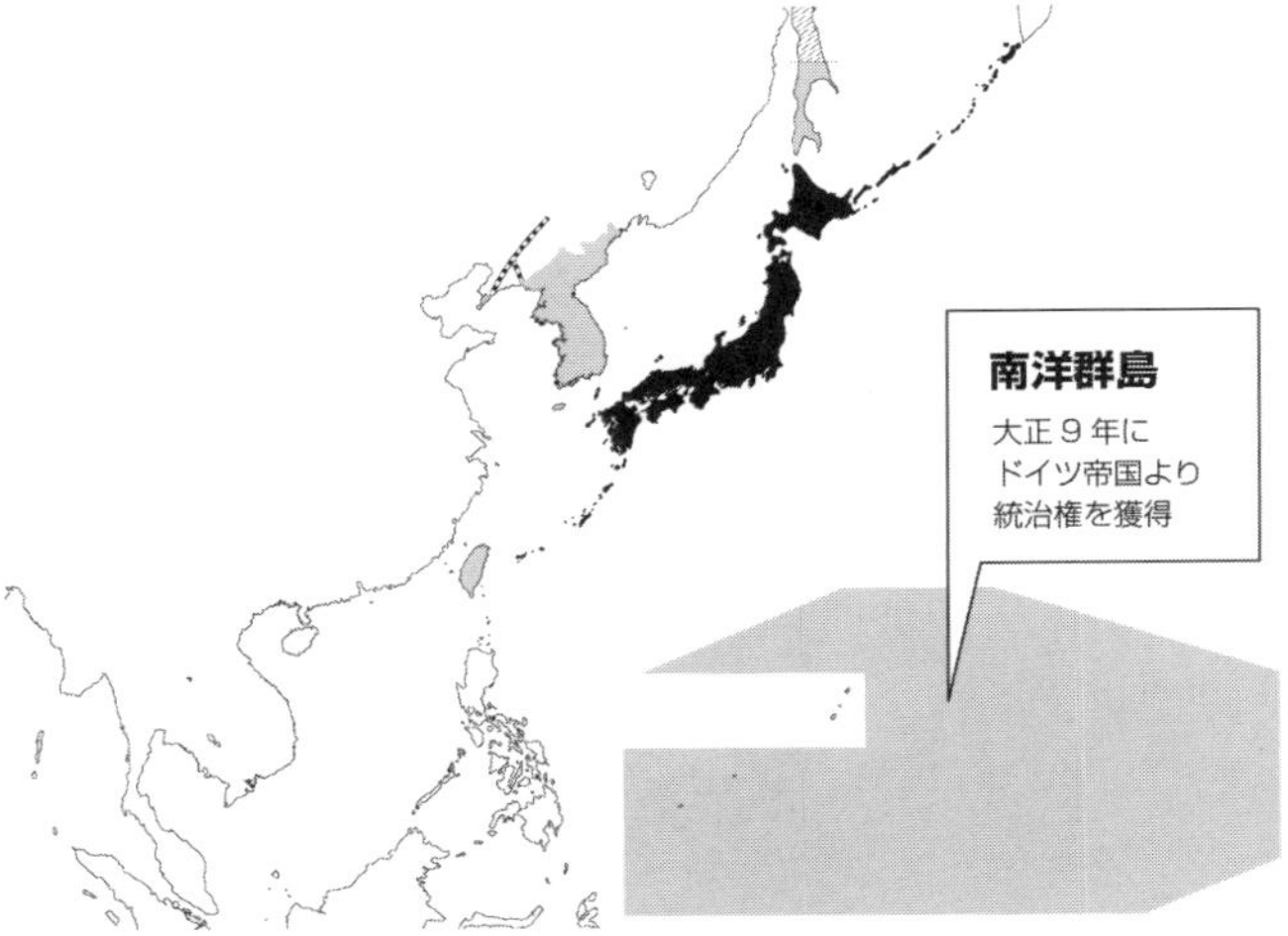
南洋群島
大正９年に
ドイツ帝国より
統治権を獲得

（チ）南洋群島［委任統治領］

南洋《なんよう》群島は、18世紀以前にスペインによる領有が開始され、１９００年ごろにドイツがその領有権を獲得しました。

このあと日本は、第1次世界大戦中に南洋群島におけるドイツの軍事拠点を占領し、その統治を開始します。

日本の南洋統治は、第1次世界大戦の講和条約（ヴェルサイユ条約）により、正式承認されましたが、これは国際連盟からの委任統治というものでした。

これにより日本は、毎年国際連盟に統治報告書を提出する必要がありました（統治機関：南洋庁）。

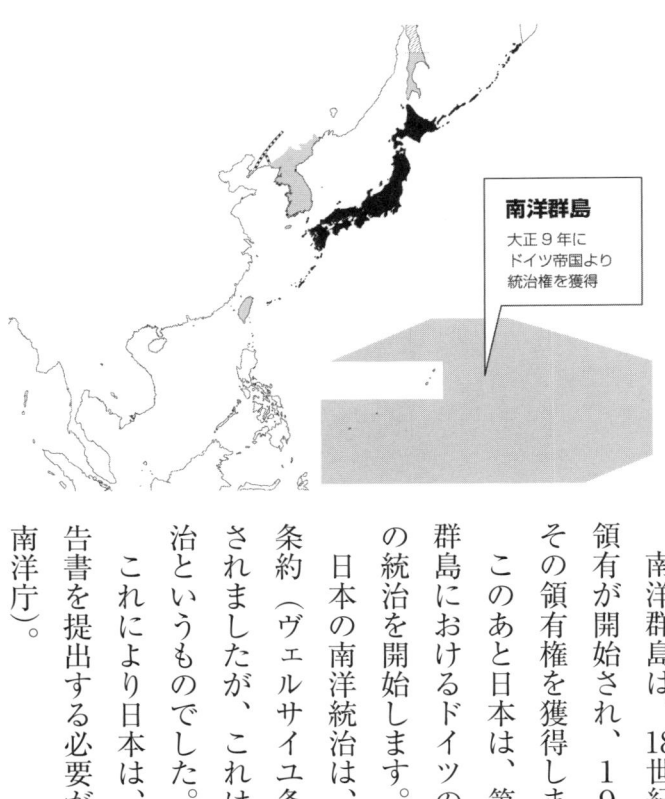

南満州鉄道附属地
明治38年にロシア帝国
より統治権を獲得

（リ）南満州鉄道附属地［事実上の租借地］

ロシアは、20世紀初頭までに、中国東北部（旧満州）に沿線の統治権が付随した鉄道を建設しました。これは、事実上の租借《そしゃく》地でした。

日本は、ポーツマス条約により、この鉄道の南部支線を獲得し、その支配を開始します。これを南満州鉄道（満鉄）といいます。

大正期における日本の満鉄支配の様子

■事実上の統治機関　南満州鉄道株式会社

■支配地域　線路を中心に幅62メートル

■最高責任者　満鉄総裁→満鉄社長（改称）

※　同付属地は昭和初期に撤廃されました。

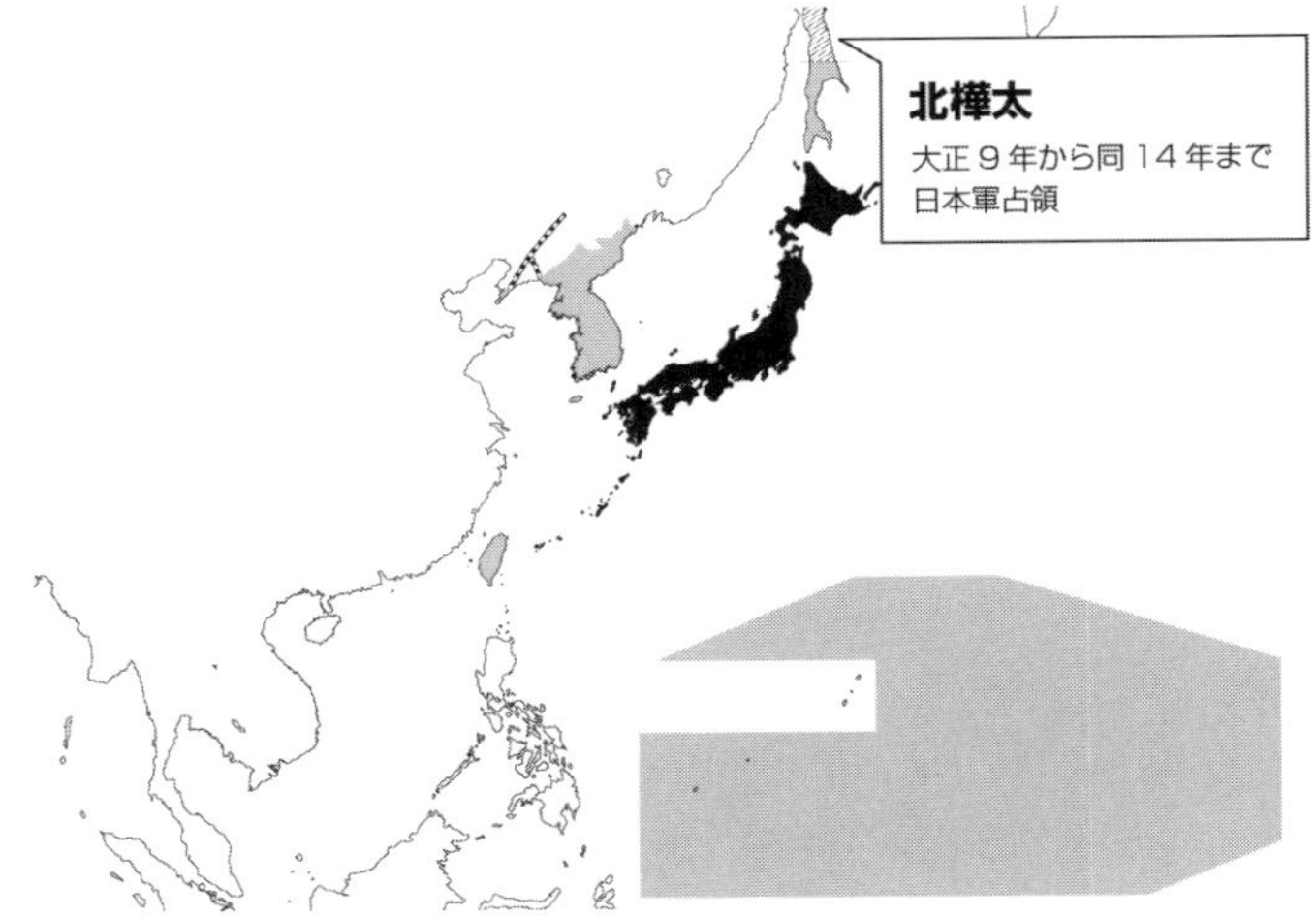

（ヌ）北樺太［日本軍占領　1920-1925］

大正９年（１９２０年）、尼港《にこう》事件が発生すると、日本は共産勢力を警戒し、南樺太と接する北樺太（ロシア領）を占領しました。

※ロシアは当時、内乱状態にありましたが、大正11年までに、その状態を終息させ、ソ連（世界初の社会主義国家）となりました。同14年、日本はロシアの後継国であるソ連と日ソ基本条約を結び、旧露領北樺太を同連邦へ譲渡しました。（外国領であった北樺太は、大正時代、日本領の南樺太と区別され、薩哈嗹《さがれん》と呼ばれることがありました）

あとがき（樺太庁の位置付け）

（イ）北海道庁の監督下に入った樺太庁

■昭和20年（１９４５年）８月　ソ連軍が樺太（南樺太）全土を占領する。

■昭和20年（１９４５年）11月　樺太庁の機能が北海道庁に移管される。

（ロ）外務省の監督下に入った樺太庁

■昭和21年（１９４６年）１月　樺太庁が外務省の管理下に入る。

■平成21年（２００９年）12月　外務省が樺太の戸籍簿を管理している。

（ハ）廃止措置《そち》は執られていない樺太庁

■昭和24（１９４９年）６月、国家行政組織法が施行《せこう》される。

※　樺太庁は、右記の国家行政組織法の施行により廃止されたものと解釈されている。しかしながら樺太庁を積極的に廃止した法律は存在しない。

あとがき（樺太庁の位置付け）

戦争体験とは、強烈極まりないものである。肉親や親友を失った悲しみが、60余年でいえることはない。先の大戦を生き抜かれた方々にとって、終戦とは、ある意味つい最近の出来事である。ある人は、自らの悲惨な経験を忘れようと努め、またある人は、当時の国家選択を責める。各自が一様にやり場のない思いを抱えている。しかしながら我々は、敗戦国の国民として、時として感情に流され、先人方が築き上げた明治以来の文物を必要以上に否定してはいないだろうか。明治以降、我々の先人方は、『富国強兵』の実施や『大日本帝国憲法』の発布などにより、自国の独立を堅持し、近代国家・日本の確立をなしえた。明治時代、『国境の確定』もまた、近代国家・日本にとって、大変重要な課題であったのである。（近代国家である以上、確固たる証拠にもとづき、人口的にでも線引きをおこなわなくてはならない。）

我々は、残念ながら明治以降における近代国家・日本の選択に一定の過ちがあったことを認めざるをえない。近隣諸国に甚大な被害を与えたことは事実であるし、反省すべき点は、反省するべきである。しかしながら、北緯50度線上にある『樺太国境』まで、この反省材料に加える必要があるのであろうか。２００９年は、『樺太が島であること（間宮海峡）』が発見されてから２００年目の節目の年であった。このことは、あまり話題にならなかったようであるが、今からでも遅くはない、事実上48番目の県であった『樺太庁』の歴史を顧みるのも良いかも知れない。

平成21年12月12日　高橋是清

参考文献

書籍

愛知県の歴史（三鬼清一郎）
秋田市交通局三十年誌（秋田市交通局）
蝦夷島と北方世界（菊池勇夫）
新しい歴史教科書（藤岡信勝、他）
沖縄県の歴史（安里進、他）
鹿児島県史　第四巻（鹿児島県）
樺太終戦史（社団法人全国樺太連盟）
樺太年表（社団法人全国樺太連盟）
岐阜県統計書【大正4年/8年/13年・昭和元年】（岐阜県）
旧外地法（向英洋）
最新日本詳圖（冨山房編輯部）
新自治用語辞典（新自治用語編纂会）
図説満州帝国の戦跡（水島吉隆）
図説満鉄（西澤泰彦）
大正外交（関静雄）
大正時代（永沢道雄）
大正文化　帝国のユートピア（竹村民郎）
大正デモクラシー（成田龍一）

参考文献

大正デモクラシーと米騒動（仲村哲郎）
高松市史年表（高松市史編集室）
地方自治法基本解説（川崎政司）
千代川史（建設省中国地方建設局鳥取工事事務所）
中島戦闘機設計者の回想（青木邦弘）
長野市誌　第６巻　歴史編（長野市）
奈良市史　通史４（奈良市史編集審議会）
日独関係史 1890-1945（工藤章・田嶋信雄）
日本海軍のすべて（三野正洋）
日本人の植民地経験（柳沢遊）
廃墟本３（中田薫＋中筋純）
はじめての行政法（石川敏行、他）
早わかり近現代史（後藤寿一）
松江市誌（松江市）
松山市史　第三巻（松山市史編集委員会）
満州帝国（太平洋戦争研究会）
宮城県の歴史（渡辺信夫、他）
宮崎県の歴史（坂上康俊、他）
山香町誌（山香町）
山口県の歴史（小川国治）
山川日本史（五味文彦・鳥海靖）

ヤマハの企業文化とＣＳＲ（志村和次郎）
歴代天皇・年号辞典（米田雄介）
宮崎市企画部提供情報
山形県総務部提供情報
山形県農業総合研究センター提供情報
山梨県立博物館提供情報
山口市総務課提供情報

電子的文献

青森県農林水産部りんご果樹課提供情報
石川県立歴史博物館提供情報
大阪市大正区区民企画提供情報
川崎市幸区役所企画課提供情報
熊本市企画財政局提供情報
高知県総務部提供情報
佐賀市経済部提供情報
滋賀県立琵琶湖博物館提供情報
秩父鉄道営業推進課提供情報
千歳市企画部空港・基地課提供情報
千葉市総務局提供情報
津山洋学資料館提供情報
敦賀市文化振興課提供情報
徳島市水道局提供情報
栃木県日光土木事務所提供情報
新潟県立歴史博物館提供情報
原敬記念館提供情報
日立市総務部提供情報
平成19年度版　和歌山市市勢要覧（和歌山市）
三重県生活・文化部提供情報

著者略歴

高橋是清（たかはしこれきよ）

昭和 46 年、東京生まれ。宮城県仙台市立第二中学校卒業

平成 13 年より、東京のコンサルティング会社において、電子機器市場の分析を担当。

著書

『位相数学のコンパクト理論』2000 年（米国 KENTUCKY 州立 MURRY 大学）

『道の分かれぬ和議』（近代文芸社）

『絵で見る樺太史—昭和まで実在した島民 40 万の奥北海道』（太陽出版）

大正時代の庁府県　　2010 年 7 月 10 日 初版発行

著　者　高橋 是清
発行所　JPS出版局
　　　　編集室：神奈川県秦野市下大槻 410-1-20-301　〒257-0004
　　　　e-mail：jps@aqua.ocn.ne.jp　FAX: 046-376-7195
編　集　高石 左京
装　幀　勝谷 高子（ウインバレー）
DTP　小島 展明
印刷・製本　シナノ
発売元　太陽出版
　　　　東京都文京区本郷 4-1-14 〒113-0033
　　　　TEL: 03-3814-0471　FAX: 03-3814-2366

©Korekiyo Takahashi, 2010 Printed in Japan.　ISBN978-4-88469-655-9